イチからはじめる
所得税実務の基礎

税理士 田口 渉 著

税務経理協会

は じ め に

　所得税は，個人の所得に対して課税される租税です。そして，その根拠は「所得税法」です。

　所得税法をテーマとした文献や学術論文は多数存在します。これらを紐解けば「所得とは何か」「所得区分とは何か」「所得控除とは何か」といった所得税法上の論点が数多く挙げられて，研究されています。これらの文献や学術論文に触れ，所得税法について体系的に学ぶことはとても重要です。また，所得税法には多くの興味深い論点があると思います。

　しかし，このことが直ちに所得税の実務に繋がるかといえば，そうではありません。所得税の実務は，「確定申告書の作成」です。所得税法を体系的に学び，論点を勉強・検討しても，それで確定申告書がスラスラと書けるわけではありません。

　その一方で，確定申告の時期になると，「スラスラ書ける確定申告書作成マニュアル」といった書籍が，書店に相当数並べられます。確定申告書をスムーズに作成するのであれば，このような書籍で充分に確定申告書を作成することができます。

　しかし，確定申告書の作成マニュアルでは，形式的な確定申告書の作成に止まり，その先にある所得税についての学びや理解には繋がりません。

　本書は，所得税について勉強したことのない方に向けての所得税の入門書として，併せて確定申告書の手引きとなるように，所得税の基本的な事柄を解説しながら，それが確定申告書のどこに繋がっているのかを解説することを目的としています。

　本書の構成としては，第1章で「所得税実務の基本的な事柄と実際の確定申告書の構成」を，第2章で「所得区分」を，第3章で「所得控除」を，第4章・第5章で「実務で多く取り扱う事業所得・不動産所得」を，第6章で「変動所得・臨時所得」を，第7章で「所得税の納税方法等」を，第8章で「税額控除」を，最後の第9章で

1

は「所得税の税務調査」を解説していく構成になっています。

　そして，各章において，重要となる所得税の裁判例・裁決例をところどころに引用しました。また，コラムとして，知っておきたい気を付けておきたい実務上の事柄をいくつか取り上げました。

　本書を機に，「所得税」について興味を持たれた方は，数多くの文献・論文に触れて，所得税についてのより深い勉強を進めていっていただければと思います。

2019年5月

田口　渉

　本書は，2019年5月末現在の法令に基づいて執筆されています。
　また，所得税の確定申告書Bに関しては，2019年分以後の申告書から様式が変更されることが国税庁から公表されています。しかし，その実際の様式については執筆時点において未公表のため，本書では2018年分の様式を使用して説明をしております。ご理解のほどお願い申し上げます。

CONTENTS

はじめに

第1章　所得税実務の基本 ……………………………………… 1

1	所得税について ……………………………………………………… 2
2	所得税確定申告書の構成 …………………………………………… 7
3	青色申告制度 ………………………………………………………… 10
4	白色申告制度 ………………………………………………………… 17
5	所得税実務の業務手順 ……………………………………………… 22

第2章　所得税における所得区分 ……………………… 27

1	所得税における10種類の所得区分 ………………………………… 28
2	事業所得 ……………………………………………………………… 29
3	不動産所得 …………………………………………………………… 31
4	利子所得 ……………………………………………………………… 33
5	配当所得 ……………………………………………………………… 36
6	給与所得 ……………………………………………………………… 39
7	雑所得 ………………………………………………………………… 44
8	総合譲渡所得 ………………………………………………………… 49
9	一時所得 ……………………………………………………………… 53
10	山林所得・退職所得 ………………………………………………… 56
11	所得が赤字となった場合―損益通算・純損失の繰越控除― ……… 59

第3章　所得控除 ……………………………………………… 63

| **1** | 所得控除の概要 ……………………………………………………… 64 |

1

2 所得控除の種類 ……………………………………………………… 66

第4章 事業所得の収入金額・必要経費 ………… 109

1 事業所得の収入金額 …………………………………………………… 110
2 事業所得の必要経費 …………………………………………………… 114

第5章 不動産所得の収入金額・必要経費 ………… 139

1 不動産所得の留意点 …………………………………………………… 140
2 不動産所得の収入金額についての留意点 ……………………………… 143
3 不動産所得の必要経費 ………………………………………………… 146

第6章 変動所得・臨時所得 ………………………… 151

1 変動所得と臨時所得 …………………………………………………… 152
2 平均課税 ………………………………………………………………… 154

第7章 所得税の納税額・還付額の確定と予定納税 … 157

1 納税額・還付額の確定 ………………………………………………… 158
2 予定納税額 ……………………………………………………………… 160

第8章 税額控除 …………………………………… 163

1 配当控除 ………………………………………………………………… 164
2 外国税額控除 …………………………………………………………… 166
3 政党等寄附金特別控除 ………………………………………………… 169
4 住宅の取得等に係る税額控除の制度 ………………………………… 170

目　次

| 第9章 | 所得税の税務調査 ……………………………… 193 |

参考文献等 ………………………………………………………………… 199
用語索引 …………………………………………………………………… 200

【凡　例】

本文中で使用している主な法令等の略語は，次のとおりです。

略語表記	法 令 及 び 通 達 等
所法	所得税法
所令	所得税法施行令
所規	所得税法施行規則
所基通	所得税基本通達
法法	法人税法
措法	租税特別措置法
措通	租税特別措置法関係通達
通法	国税通則法
通個	国税通則法個別通達
地法	地方税法
地法附	地方税法附則
地令	地方税法施行令
復興財確法	東日本大震災からの復興のための施策を実施するために必要な財源の確保に関する特別措置法
震災特例法	東日本大震災の被災者等に係る国税関係法律の臨時特例に関する法律

【例】 所法2①三　→　所得税法2条1項3号

3

第1章

所得税実務の基本

　本章においては，所得税の実務について，最低限必要となる事項を整理していきます。

　まず，所得税の実務に必要な基本的な知識として，「所得税の対象となる所得とは何か」「所得の区分と課税方式について」「確定申告が必要となる納税義務者について」を解説していきます。

　そして，所得税の確定申告に実際に必要となる確定申告書・青色決算書・収支内訳書の形式的な構成について確認をしていきます。実際の記入例と留意点については，次章以降に随時解説していきます。

第1章 1 所得税について

1 「所得」とは

所得税は，「個人の所得」に対する租税です。

「所得」に対して課税する租税である点で，所得税は法人税と共通しており，実務においても重要な租税といえます。

所得税については，「所得とは何か？」という論点があります。この論点は非常に難しい論点です。「所得とは何か？」について，所得税法の概説書を紐解きますと，「包括的所得概念」「制限的所得概念」といった難しい用語によって整理されています。最高裁判例（昭和49年3月8日判決 TAINS：Z074-3282）で，「所得税は経済的な利得を対象とするものであるから，究極的には実現された収支によってもたらされる所得について課税するのが基本原則」と述べた判例があります。

この「所得とは何か？」という問題は，所得税法を研究する上に当たっては，とても重要な問題といえますが，所得税の実務において，それほどの重要性があるとはいえません。

そこで，「所得とは何か？」ということを紐解けば，解りやすい解説としては，「あらたな経済的価値の流入」であるとする解説や，「金銭等の収入から，その収入を得るための支出を差し引いた差額」であるとする解説が解りやすいといえます。

実務的に「所得とは何か？」を考えてみるに，「所得」とは「個人の預貯金等の増加」「権利の増加」「経済的利益の増加」といった，有形無形を問わず「個人の財産の増加」が所得なのだといえるでしょう。

所得税の実務としては，個人の財産の増加が生じたときに「それが所得税の課税対象なのか？」「課税対象となるのであれば所得区分のいずれに該当するのか？」「所得税の課税対象でない場合，相続税・贈与税の課税関係で問題はないのか？」といった点について検討・判断ができることが基本であり，重要といえます。

なお，所得税の世界では所得税の課税がされない「非課税所得」（所法9）があることにも理解が必要です。非課税所得については，各種の所得分類の説明において解説していきます。

第1章　所得税実務の基本

② 所得税の基本事項

(1)　暦年単位での課税

　所得税は，1月1日から12月31日までの1年間に生じた所得金額に対して課税します（暦年課税）。

　法人税の場合には，法人が決めた決算月を基準として法人税の計算をしますが，所得税では，すべての個人について12月31日を基準として，所得税の計算をします。これは，所得税の対象となる収入について，「その年において収入すべき金額」（所法36①）と定められているからです。そして，翌年2月16日から3月15日を申告期限日としています（所法120）。なお，実務としては，給与所得者・公的年金受給者の還付申告については2月初旬から，税務相談会等を通じて申告受付を開始していることもあります。

　例外として，納税義務者が年の途中で死亡した場合には，その年の1月1日から死亡の日までの期間内に生じた所得について，出国した場合には，出国の時までの期間内に生じた所得について計算し，確定申告をする必要があります。

(2)　納税義務者

　所得税の納税義務者は，原則として個人です。したがって，確定申告も個人名で行われます。

　個人である納税義務者としては，次のようになっています。

①　居　住　者

　居住者とは，国内に住所を有し，又は現在まで引き続いて1年以上居所を有する個人です（所法2①三）。

②　非　永　住　者

　非永住者とは，居住者のうち，日本の国籍を有しておらず，かつ，過去10年以内において国内に住所又は居所を有していた期間の合計が5年以下である個人です（所法2①四）。

③　非　居　住　者

　非居住者とは，「居住者以外の個人」です（所法2①五）。

3

確定申告業務において，最も重要なのは，「非永住者に該当しない居住者」です。本書においても，非永住者に該当しない居住者についての確定申告業務を前提として進めていくこととします。

なお，法人や人格なき社団も，株式配当等の源泉徴収の対象となる所得について所得税の納税義務者となりますが，法人や人格なき社団については法人税申告の中で実務上，対応します。

(3) 課税方式と所得区分

所得区分を考えるには，課税方式についても触れておく必要があります。

所得税の課税方式には，「総合課税」「源泉分離課税」「申告分離課税」の3つがあり，所得区分によって，どの課税方式で所得税を計算するかが定められています。

① 総合課税

総合課税とは，課税の対象となる所得をすべて合算して税率を適用する方式です。これが原則となります。総合課税の対象となる所得は次の所得です。

【総合課税の対象となる所得】

① 源泉分離課税の対象とされない利子所得

② 配当所得（源泉分離課税とされるもの，確定申告をしないことを選択したもの及び，平成21年1月1日以後に支払を受けるべき上場株式等の配当で申告分離課税を選択したものを除きます。）

③ 不動産所得

④ 事業所得（株式等の譲渡による事業所得を除きます。）

⑤ 給与所得

⑥ 譲渡所得（土地・建物等及び株式等の譲渡による譲渡所得を除きます。）

⑦ 一時所得（源泉分離課税とされるものを除きます。）

⑧ 雑所得（株式等の譲渡による雑所得，源泉分離課税とされるものを除きます。）

ここに「利子所得」が含まれていますが，ほとんどの利子所得が源泉徴収されていますので，実務上，利子所得を総合課税に含めることはめったにありません。

第1章 所得税実務の基本

② 源泉分離課税

　源泉分離課税とは，特定の所得について他の所得との合算による総合課税を行わず，源泉徴収だけで課税関係を済ませる制度です。源泉分離課税の対象となる所得は，次のとおりです。

【源泉分離課税の対象となる所得】

① 利子所得に該当する利子等（総合課税又は申告分離課税の対象となるものを除きます。）

② 私募の特定目的信託のうち，社債的受益権の収益の分配に係る配当

③ 私募公社債等運用投資信託の収益の分配に係る配当

④ 懸賞金付預貯金等の懸賞金等

⑤ 定期積金の給付補てん金といった金融類似商品の補てん金等

⑥ 一定の割引債の償還差益

　これらの所得は，源泉徴収されることで課税関係が完了するので，確定申告の際に，特に注意は必要ありません。

　利子所得は預貯金の存在によって生じる所得で必要経費が全く考慮されないので，源泉徴収で課税関係を終わらせているのです。

③ 申告分離課税

　申告分離課税は，一定の所得について，他の所得金額と合計せず，分離して税額を計算する制度です。

　次のような所得が，申告分離課税制度の対象となります。

【申告分離課税の対象となる所得】

① 山林所得

② 退職所得

③ 租税特別措置法の適用がある土地建物等の譲渡による譲渡所得，株式等の譲渡所得等

③ 平成28年1月1日以後に支払を受けるべき特定公社債等の利子等に係る利子所得

④ 一定の先物取引による雑所得

5

「配当所得も申告分離課税で済ませたような？」と思われる方もいらっしゃるでしょう。それは，上場株式等の配当等については，総合課税に代えて申告分離課税を選択することができるからです。

ATTENTION!

「合計所得金額」と「課税総所得金額」

　所得税の実務において，「合計所得金額」と「課税所得金額」という用語が頻繁に登場します。この違いについて，しっかりと整理をしておきたいところです。

　合計所得金額とは，その年分の総所得金額，退職所得金額及び山林所得金額並びに租税特別措置法の規定による土地等に係る事業所得等の金額，長期譲渡所得の金額及び短期譲渡所得の金額の合計額（ただし，純損失，雑損失の繰越控除を適用しないで計算した金額）をいいます。配偶者控除等の人的控除については，その対象となる者については所得制限があり，それぞれ一定額以下の所得金額であることが要件とされています。その判定の基礎として，「合計所得金額」によることとされています。

　課税総所得金額とは，所得税の課税標準をいいます。所得税の税額計算の基礎となる金額です。具体的には，総所得金額から所得控除の額を控除した金額です。

第1章　所得税実務の基本

<table>
<tr><td>第
1
章</td><td>2</td><td>所得税確定申告書の構成</td></tr>
</table>

■1　確定申告書の書き順

　所得税の確定申告書には，記載項目に【㋐・㋑・㋒……】【①・②・③……】と番号が振られています。

　この番号に従って，左上から右下へと記載をしていくことにより，所得税の確定申告は仕上がってきます。

■2　確定申告書の様式

　確定申告書の用紙は，第一表から第五表で構成されています。第一表と第二表については，更に「申告書A」と「申告書B」に区分されています。第三表・第四表・第五表は，第一表・第二表に付随する表です。

(1)　申告書A（第一表・第二表）

　申告書Aは，給与所得や年金などの雑所得，配当所得，一時所得だけを申告する場合で，予定納税のない場合に使用する申告書です。

　具体的には，医療費控除や住宅借入金等特別控除を受けて還付申告をする場合に使用することが多いです。

(2)　申告書B（第一表・第二表）

　申告書Bは，申告する種類に関わらず使用できる基本となる申告書です。言い換えれば，「オールマイティ」な申告書です。

　仮に，申告書Aを使用できる還付申告であっても，この申告書Bを使用して確定申告することは可能です。

(3)　第三表（分離課税用）

　第三表は，譲渡所得等の分離課税の所得，山林所得，退職所得がある場合に使用

7

する表です。

(4) 第四表（損失申告用）

第四表は，例えば，事業所得で赤字が生じたといったように，損失申告をする場合に使用します。

(5) 第五表（修正申告用）

第五表は，一度，申告した内容に誤りがあり，税額が増加する場合には修正の申告が必要になります。その修正申告をする場合に使用します。

図表1-1　申告書の使用区分

	使用する申告書	申告書A		申告書B		別表		
						分離	損失	修正
		第一表	第二表	第一表	第二表	第三表	第四表	第五表
申告の内容	1. 次の4種類の所得を申告する場合	○	○					
	(1) 給与所得							
	(2) 雑所得							
	(3) 配当所得							
	(4) 一時所得							
	2. 全所得に対応			○	○			
	3. 分離課税の所得，山林所得，退職所得がある場合			○	○	○		
	4. 損失申告			○	○		○	
	5. 修正申告							
	(1) 総合課税の所得のみ			○				○
	(2) 分離課税の所得がある場合			○		○		○

第1章 所得税実務の基本

ATTENTION!

 財産債務調書と国外財産債務調書

　ここで紹介した確定申告書以外に，一定の要件を満たす場合に提出しなければならない書類として「財産債務調書」があります。

　確定申告書を提出しなければならない者で，その年分の退職所得を除く各種所得金額の合計額が2,000万円を超え，かつ，その年の12月31日において，その価額の合計額が3億円以上の財産がある場合には，その財産の種類，数量及び価額並びに借入金等の債務金額等を記載した財産債務調書を，その年の翌年の3月15日までに，所得税の納税地の所轄税務署長に提出する必要があります。

　これを提出することにより，後に財産債務調書に記載がある財産・債務に対する所得税・相続税の申告漏れが生じたときであっても，過少申告加算税が5％軽減されるといった措置が講じられています。

　また，これに似たものとして「国外財産調書」という書類もあります。

　居住者がその年の12月31日において，その価額の合計額が5,000万円を超える国外財産を有する場合には，その国外財産の種類，数量及び価額等を記載した国外財産調書を，その年の翌年の3月15日までに，提出する必要があります。

　これを提出することにより，後に国外財産調書に記載がある国外財産に関する所得税・相続税の申告漏れが生じたときであっても，過少申告加算税が5％軽減されるといった措置が講じられています。

　国外財産調書については，偽りの記載をした場合又は提出しない場合に対する罰則が設けられていることに注意が必要です。

　国外財産調書に偽りの記載をした場合又は正当な理由がなく提出期限内に提出しなかった場合には，1年以下の懲役又は50万円以下の罰金として罰則が設けられています。ただし，提出期限内に提出しなかった場合については，情状により刑の免除が認められています。

| 第1章 | **3** | **青色申告制度** |

1 青色申告制度

　青色申告の制度は,「申告納税制度が適正に機能するためには,納税義務者が帳簿書類を備え付けて,それに収入・支出を記帳し,それを基礎として申告を行うことが必要である」ことから,「帳簿書類を基礎とした正確な申告を奨励する意味で,一定の帳簿書類を備え付けている者に限って青色の申告書を用いて申告することを認め,」各種の税務上の特典を与えることとした制度です。

　税務上の特典としては,代表的なものとして,次のようなものが挙げられます。

【青色申告の特典】

・推計課税の禁止（所法155①）

・個人事業者における青色申告特別控除（措法25の2）

・個人事業者における青色専従者控除（所法57）

　青色申告が認められる要件として,正規の簿記の原則に従って取引の一切を記録した会計帳簿を作成し,貸借対照表・損益計算書を作成する必要があります（所法148・所規56〜64）。

　そして,それらの作成の基となった関係書類についての保存義務があります。青色申告者の保存期間は,次のようになっています（所規63）。

【青色申告者の帳簿書類等の保存期間】

① 帳簿,決算関係書類……7年

② 現預金取引等関係書類……7年(*)

③ その他証憑書類……5年

　＊ 前々年所得が300万円以下の者は5年です。

　青色申告の承認を受けるためには,「青色申告の承認申請書」に記帳方法や作成・保存する帳簿組織等を記載して,所轄税務署へ提出します（所法144）。

　承認がされた際には,所轄税務署から書面による通知がされることになっていま

す（所法146）が，青色申告の承認申請書の提出により承認があったものとみなされますので（所法147），実務上は特に承認の通知がされることはありません。

② 青色申告決算書の種類

青色申告の承認を受けた者は，青色申告決算書を用いて確定申告をします。実務上，青色申告決算書として使用する様式として，次のものがあります。

(1) 一般用の青色申告決算書

「一般用」と付されている青色申告決算書は，事業所得を計算する際に使用します。

(2) 農業所得用の青色申告決算書

「農業所得用」と付されている青色申告決算書は，農業に関しての事業所得を計算する際に使用します。

農業所得とは，「米，麦，たばこ，果実，野菜若しくは花の生産若しくは栽培又は養蚕に係る事業その他これに類するものとして政令で定める事業から生ずる所得」（所法2①三十五）です。農業所得は，事業所得に該当しますが，農業という事業形態の特殊性から，収入金額・必要経費について，通常の事業所得とは異なる計算を要するため，特別な青色申告決算書が用意されています。

なお，農業所得については，個人事業税が課税されないため（地法72の2），確定申告書においても別の表記が必要となっています。

(3) 不動産所得用の青色申告決算書

「不動産所得用」と付されている青色申告決算書は，不動産所得を計算する際に使用します。

(4) 現金主義用の青色申告決算書

「現金主義用」と付されている青色申告決算書は，現金主義で申告することが認められている個人事業者が事業所得を計算する際に使用します。

現金主義とは，売上を現金で受け取った時点，仕入れ代金や諸経費を現金で支払った時点で，売上や経費を計上する経理処理のことです。

現金主義での申告は，その年の前々年分の不動産所得の金額及び事業所得の金額（事業に専従する親族がある場合の必要経費の特例等の規定を適用しないで計算した場合の金額）の合計額が300万円以下である「小規模事業者」であることが必要で（所令195①），税務署の承認が必要となります（所法76）。

以上の4種類が青色申告決算書として用意されています。その中でも，最も基本的なのが「一般用の青色申告決算書」になりますので，これを基に，次に青色決算書の仕組みを整理していきます。

③ 青色申告決算書の仕組み

青色申告決算書は，「所得金額の計算（一面）」「月別売上等の内訳書（二面）」「減価償却費の計算等（三面）」「貸借対照表（四面）」で構成されています。

(1) 所得金額の計算（一面）

青色申告決算書の一面で所得金額を計算していきます。ここにおいて，正規の簿記の原則に従って作成された会計帳簿に基づいて，売上（収入）金額から仕入金額・諸経費を記入して，所得金額を計算します。

事業所得・不動産所得の申告において，収入金額・必要経費を記載して所得金額を計算することから，最も重要な部分となります。

事業所得の収入金額・必要経費については第4章で，不動産所得の収入金額・必要経費については第5章において解説をしていきます。

一面

損　益　計　算　書　（自 1月 1日至 12月 31日）

平成　年　月　日 ／ 提出用（平成二十五年分以降用）

科目	金額（円）	科目	金額（円）	科目	金額（円）
① 売上（収入）金額（雑収入を含む）	37 220 000	⑰ 消耗品費	50 000	34 貸倒引当金	82 500
② 期首商品（製品）棚卸高		⑱ 減価償却費	597 167	35	
③ 仕入金額（製品製造原価）	18 500 000	⑲ 福利厚生費	60 000	36 計	82 500
④ 小計（②+③）	18 500 000	⑳ 給料賃金	5 600 000	38 専従者給与	5 200 000
⑤ 期末商品（製品）棚卸高		21 外注工賃	120 000	39 貸倒引当金	82 500
⑥ 差引原価（④-⑤）	18 500 000	22 利子割引料	450 000		
⑦ 差引金額（①-⑥）	18 720 000	23 地代家賃	1 300 000	41 計	5 282 500
⑧ 租税公課	250 000	24 貸倒金		42 青色申告特別控除前の所得金額（33+36-41）	2 597 833
⑨ 荷造運賃	54 000	25 支払手数料	1 296 000	43 青色申告特別控除額	650 000
⑩ 水道光熱費	200 000	26		44 所得金額（42-43）	1 947 833
⑪ 旅費交通費	300 000	27			
⑫ 通信費	300 000				
⑬ 広告宣伝費	15 000	雑費	150 000		
⑭ 接待交際費	20 000	28 計	10 922 167		
⑮ 損害保険料	10 000	差引金額（⑦-28）	7 797 833		
⑯ 修繕費	150 000				

●青色申告特別控除については、「決算の手引き」の「青色申告特別控除」の項を読んでください。
●下の欄には、書かないでください。

（2）　月別売上等の内訳書（二面）・減価償却費の計算等（三面）

　二面と三面は，一面において記載した勘定科目の内訳並びに計算根拠と記載していきます。

　記載すべき内容は，次の内容です。

【二面において記載する事項】

① 月別売上（収入）金額及び仕入金額

② 給与賃金の内訳

③ 専従者給与の内訳

④ 貸倒引当金繰入額の計算

⑤ 青色申告特別控除額の計算

二面

○月別売上（収入）金額及び仕入金額

月	売上（収入）金額	仕入金額
1	3,000,000 円 / 500,000	1,500,000 円 / 250,000
2	3,000,000	1,500,000
3	3,000,000	1,500,000
4	3,000,000	1,500,000
5	3,000,000	1,500,000
6	3,000,000	1,500,000
7	3,000,000	1,500,000
8	3,000,000	1,500,000
9	3,000,000	1,500,000
10	3,000,000	1,500,000
11	3,000,000	1,500,000
12	3,000,000 / 500,000	1,500,000 / 250,000
家事消費等	120000	
雑収入	100000	
計	37220000	18500000

提出用（平成二十五年分以降用）

○給料賃金の内訳

氏 名	年齢	従事月数	支給額 給料賃金	賞与	合計	所得税及び復興特別所得税の源泉徴収税額
＊＊ ＊＊	40	12	2,400,000 円	400,000 円	2,800,000 円	70,000 円
△△ △△	35	12	2,400,000	400,000	2,800,000	70,000
その他（ 人分）						
計	延べ従事月数 2 4		4,800,000	800,000	5,600,000	140000

○専従者給与の内訳

氏 名	続柄	年齢	従事月数	支給額 給料	賞与	合計	所得税及び復興特別所得税の源泉徴収税額
△△ △△	妻	45	12	4,800,000 円	400,000 円	5,200,000 円	226,500 円
計		延べ従事月数 1 2		4,800,000	400,000	5,200,000	226500

○貸倒引当金繰入額の計算（この計算に当たっては、「決算の手引き」の「貸倒引当金」の項を読んでください。）

		金 額
個別評価による本年分繰入額〔個別評価による回収不能に関する明細書の⑥欄の金額を書いてください。〕	①	円
一括評価による一括評価による貸倒引当金繰入れの対象となる貸金の合計額	②	1,500,000
よる本年分 本年分繰入限度額（②×5.5%〔金融業は3.3%〕）	③	82,500
繰入額 本年分繰入額	④	82,500
本年分の貸倒引当金繰入額（①＋④）	⑤	82,500

（注）貸倒引当金、専従者給与や3ページの割増（特別）償却以外の特典を利用する人は、適宜の用紙にその明細を記載し、この決算書に添付してください。

○青色申告特別控除額の計算（この計算に当たっては、「決算の手引き」の「青色申告特別控除」の項を読んでください。）

		金 額
本年分の不動産所得の金額（青色申告特別控除額を差し引く前の金額）	⑥	（赤字のときは0）0 円
青色申告特別控除前の所得金額（1ページの「損益計算書」の㊸の金額を書いてください。）	⑦	2,597,833
65万円の青色申告特別控除を受ける場合	65万円と⑥のいずれか少ない方の金額〔「65万円－⑥」とのいずれか少ない方の金額〕（不動産所得から差し引かれる青色申告特別控除額です。）	⑧	0
	青 色 申 告 特 別 控 除 額〔「65万円－⑧」とのいずれか少ない方の金額〕	⑨	650,000
上記以外の場合	10万円と⑥のいずれか少ない方の金額〔不動産所得から差し引かれる青色申告特別控除額です。〕	⑧	
	青 色 申 告 特 別 控 除 額〔「10万円－⑧」とのいずれか少ない方の金額〕	⑨	

【三面において記載する事項】

① 減価償却の計算

② 利子割引料

③ 税理士・弁護士等の報酬料金の内訳

④ 地代家賃の内訳

第1章　所得税実務の基本

【三面】

```
フリガナ ＊＊＊＊
氏 名 ○○ ○○
```

○減価償却費の計算

（平成二十五年分以降用）

減価償却資産の名称等（繰延資産を含む）	面積又は数量	取得年月	取得価額（償却保証額）	償却の基礎になる金額	償却方法	耐用年数	償却率又は改定償却率	本年中の償却期間	本年分の普通償却費（⑨×⑩×⑪）	割増（特別）償却費	本年分の償却費合計（⑫＋⑬）	事業専用割合	本年分の必要経費算入額（⑭×⑮）	未償却残高（期末残高）	摘要
ヴィッツ	台1	H27・1	㋐2,500,000	2,500,000	定額法	6	0.167	12/12	㋑417,500		417,500	100.00	417,500	1,332,500	
パソコン	台1	H28・1	540,000	540,000	定額法	4	0.250	12/12	135,000		135,000	100.00	135,000	162,000	
事務所備品	式1	H29・5	1,000,000	1,000,000	定額法	15	0.067	8/12	44,667		44,667	100.00	44,667	955,333	
		・	（　）					/12							
		・	（　）					/12							
		・	（　）					/12							
		・	（　）					/12							
		・	（　）					/12							
		・	（　）					/12							
		・	（　）					/12							
計									597,167	0	597,167		597,167	2,449,833	

(注) 平成19年4月1日以後に取得した減価償却資産について定率法を採用する場合にのみ⑪欄のカッコ内に償却保証額を記入します。

○利子割引料の内訳（金融機関を除く）

支払先の住所・氏名	期末現在の借入金等の金額	本年中の利子割引料	左のうち必要経費算入額
○○銀行＊＊支店	15,000,000	450,000	450,000

○地代家賃の内訳

支払先の住所・氏名	賃借物件	本年中の賃借料・権利金等	左の賃借料のうち必要経費算入額
東京都墨田区東向島＊ー＊ー＊　○○　○○	事務所	権更100,000 / 賃1,200,000	1,300,000

○税理士・弁護士等の報酬・料金の内訳

支払先の住所・氏名	本年中の報酬等の金額	左のうち必要経費算入額	所得税及び復興特別所得税の源泉徴収税額
東京都墨田区東向島＊ー＊ー＊　○○税理士事務所	1,296,000	1,296,000	122,250

◎本年中における特殊事情

―3―

(3) 本年中における特殊事情

　三面の記載において，実務上，注意をしておきたいのが，右下にある「本年中における特殊事情」です。

　この欄で記載する事項は，特に定められてはいません。実務としては，例えば，「利益率の良い商品である○○○を取り扱うようになったので，粗利益率が大幅に良くなった。」「損害賠償金を支払ったので，その金額を『雑損失』として計上した。」といった内容の「昨年分の決算と異なる事項」を記載します。

(4) 貸借対照表・製造原価の計算（四面）

　四面は，貸借対照表・製造原価の計算を記載する部分になります。

　貸借対照表については，65万円の青色申告特別控除の適用を受ける場合には，必ず，記載が必要となります。

　製造原価の計算については，製造業を事業としている個人事業者には，記載が必

15

要となります。

[四面]

貸借対照表（資産負債調）（平成29年12月31日現在）

氏名 ○○ ○○

資産の部	1月1日(期首)	12月31日(期末)	負債・資本の部	1月1日(期首)	12月31日(期末)
現　金		1,000,000	支払手形		
当座預金			買掛金		
定期預金			借入金		15,000,000
その他の預金		15,000,000	未払金		
受取手形			前受金		
売掛金			預り金		
有価証券					
棚卸資産					
前払金					
貸付金					
建物					
建物附属設備					
機械装置					
車両運搬具	1,750,000	1,332,500	貸倒引当金		82,500
工具器具備品	297,000	1,117,333			
土地					
			事業主借		865,333
			元入金	2,047,000	2,047,000
事業主貸		2,142,833	青色申告特別控除前の所得金額		2,597,833
合　計	2,047,000	20,592,666	合　計	2,047,000	20,592,666

製造原価の計算
（原価計算を行っていない人は，記入する必要はありません。）

科目	金額
期首原材料棚卸高 ①	
原材料仕入高 ②	
小計 (①+②) ③	
期末原材料棚卸高 ④	
差引原材料費 (③-④) ⑤	
労務費 ⑥	
外注工賃 ⑦	
電力費 ⑧	
水道光熱費 ⑨	
修繕費 ⑩	
減価償却費 ⑪	
⑫	
⑬	
⑭	
⑮	
⑯	
⑰	
⑱	
雑費 ⑲	
計 ⑳	
総製造費 (⑤+⑥+⑳) ㉑	
期首半製品・仕掛品棚卸高 ㉒	
小計 (㉑+㉒) ㉓	
期末半製品・仕掛品棚卸高 ㉔	
製品製造原価 (㉓-㉔) ㉕	

ATTENTION! 記載するのは「青色申告特別控除前」の金額

貸借対照表の貸方に記載する当期利益金額は，65万円の青色申告特別控除前の利益金額を記載して，貸借を合わせます。

時として，青色申告特別控除後の利益金額を記載して「貸借が合わない」と悩んでいるケースがありますが，青色申告特別控除は，所得金額を減少させる項目ですので，貸借対照表には反映されないことを理解しておいてください。

第 1 章　所得税実務の基本

| 第1章 | **4** | **白色申告制度** |

1 白色申告制度

　白色申告とは，青色申告以外の申告をいいます。所得税法上，「白色申告」という用語はなく，青色申告との区別により生じた用語です。

　したがって，所得税法上，事業所得・不動産所得の申告については，白色申告が原則的な申告方法であり，青色申告が様々な特典の認められた例外的な申告方法として位置づけられています。

　白色申告者は，「収支内訳書」を確定申告で使用します。

2 収支内訳書の種類

　収支内訳書についても，青色申告決算書と同様に，所得区分によって異なっています。基本的には，青色申告決算書と同様です。

(1) 一般用の収支内訳書

　「一般用」と付されている収支内訳書は，事業所得を計算する際に使用します。

(2) 農業所得用の収支内訳書

　「農業所得用」と付されている収支内訳書は，農業に関しての事業所得を計算する際に使用します。

　農業所得は，事業所得に該当しますが，農業という事業形態の特殊性から，収入金額・必要経費の計算が，通常の事業所得とは異なるため，特別な収支内訳書を使用します。

(3) 不動産所得用の収支内訳書

　「不動産所得用」と付されている収支内訳書は，不動産所得を計算する際に使用します。

17

3 収支内訳書の仕組み

　収支内訳書に関しては，青色申告決算書と異なり，2頁のみで構成されている簡易な仕組みになっています。

(1) 所得金額の計算・給与賃金の内訳・税理士等の報酬料金の内訳・事業専従者等の内訳（一面）

【一面において記載する事項】
① 所得金額の計算
② 給与賃金の内訳
③ 税理士・弁護士等の報酬料金の内訳
④ 事業専従者等の内訳

　「事業専従者等」は，白色申告者に適用されるものであり，青色事業専従者とは異なります。

一面

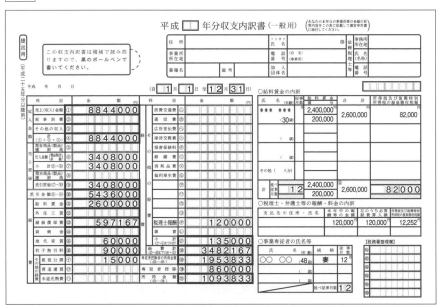

第1章　所得税実務の基本

(2) 売上（収入）金額の明細・仕入金額の明細・減価償却の計算・地代家賃の内訳・利子割引料の内訳（二面）

【二面において記載する事項】

① 売上（収入）金額の明細・仕入金額の明細

② 減価償却の計算

③ 地代家賃の内訳

④ 利子割引料の内訳

　二面において，売上（収入）金額の明細・仕入金額の明細を記載します。青色申告決算書では，その年の毎月の売上（収入）金額・仕入金額を記入しますが，収支内訳書では，主たる売上先・仕入先の年間取引額をまとめて記載する簡易な様式になっています。

④　白色申告者の留意点

　事業所得・不動産所得・山林所得の実務においては，青色申告決算書を使用することが多いと思われますので，本書における解説については，青色申告者を前提として進めていきます。

　ここで，白色申告である個人事業者の留意点を整理していきます。

(1) 事業専従者控除

　白色申告者の場合，「事業専従者控除」が認められます。

　白色申告者と生計を一にする配偶者その他の親族で専らその白色申告者が営む事業に従事するものがある場合には，その白色申告者のその年分のその事業に係る不動産所得の金額，事業所得の金額又は山林所得の金額の計算上，各事業専従者につき，次に掲げる金額のうちいずれか低い金額が必要経費とみなされます（所法57③）。

【白色申告の事業専従者控除】

① その居住者の配偶者である事業専従者……860,000円

19

② ①に掲げる者以外の事業専従者……500,000円

③ その年分の当該事業に係る不動産所得の金額，事業所得の金額又は山林所得の金額をその事業に係る事業専従者の数に一を加えた数で除して計算した金額

　事業専従者控除を受けた場合，その事業専従者にとっては，それは給与所得として取り扱われます（所法57④）。

収支内訳書

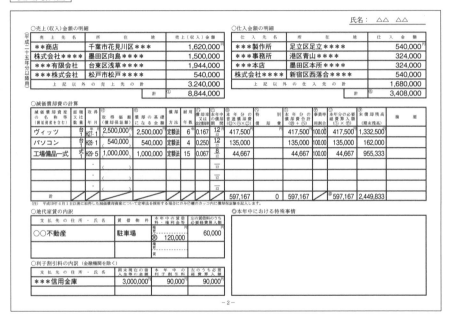

(2) 白色申告者の記帳義務・保存義務

　その年において不動産所得，事業所得若しくは山林所得を生ずべき業務を行う全ての白色申告者は，一定の帳簿書類等を作成し，保存する必要があります（所法232①）。白色申告者であっても，記帳義務と保存義務があるのです。

　青色申告者と異なるのは，その保存期間です。白色申告者の場合の保存期間は，

次のようになっています（所規63）。

【白色申告者の帳簿書類等の保存期間】

① 帳簿，決算関係書類……7年

② 現預金取引等関係書類……5年

③ その他証憑書類……5年

所得税実務の業務手順

第1章 5

ここで，所得税実務の業務手順を整理していきます。

毎月の月次処理から関わっている事業所得者・不動産所得者であれば，月次処理の業務の延長に確定申告業務があるので，特に問題はないかと思います。

ここでは，年に1回だけの所得税の確定申告書の作成業務を行う納税者に対しての業務手順と注意点について整理していきます。

1 前年分の確定申告書の確認

その納税者が，前年分も確定申告をしている場合，前年分の確定申告書の確認が必要です。例えば，繰越損失の控除を受けている場合には，前年分までの第四表の金額の確認が必要となります。また，前年分までの第一表・第二表を確認することにより，「どのような所得があるのか」「社会保険料は給与・年金から天引きされるのか，若しくは自主納付しているのか」「家族構成はどのようになっているのか」といったことを確認することができます。

また，消費税の確認も必要です。課税事業者であるのか否かについては，前々年分の課税売上高の確認が必要です。

2 前年分の青色申告決算書・収支内訳書の確認（事業所得・不動産所得の場合）

事業所得・不動産所得の申告を行う場合には，前年分の青色申告決算書・収支内訳書の確認が必要です。減価償却費の引継ぎのためにも必要なこととなります。

また，前年分は青色申告だったにも関わらず，本年分を白色申告である収支内訳書で申告してしまった，というケースもあります。

当然のことのようですが，必ず確認が必要です。

第1章　所得税実務の基本

3　新たに個人事業・不動産賃貸業を開始した場合

　その納税者が，前年分の確定申告をしておらず，今年分から確定申告が必要となる場合，確定申告業務に取り掛かる前に確認すべき事項がいくつかあります。

(1)　「個人事業の開業届」の提出の有無

　新たに個人事業として不動産賃貸業を開始し，今年分から事業所得・不動産所得が発生した場合，まず，「個人事業の開業届」が提出されているか否かの確認をします。提出していない場合には，早急に提出をする必要があります。

(2)　青色申告・白色申告の確認

　個人事業の開業届が提出されている場合，それに併せて「所得税の青色申告承認申請書」が提出されているか否かの確認が必要です。

　提出がされていない場合には，白色申告者となりますので，確定申告で作成するのは「収支内訳書」になります。

　提出がされている場合には，青色申告者となりますが，提出がされた日（税務署に収受された日）の確認が必要です。

　青色申告の承認申請書の提出期限は，原則として「青色申告の承認を受けようとする年の3月15日」で，新規開業の場合には「業務を開始した日から2カ月以内」です（所法144）。

　この提出期限を徒過せずに提出がされているか否かの確認は必要です。

(3)　青色申告者である被相続人から事業を引き継いだ場合の注意点

　青色申告者である被相続人から個人事業を引き継いで事業を行っている場合には，特に注意が必要です。

　青色申告者であることは一身専属的権利です。すなわち，相続により事業を引き継いだとしても，「被相続人が青色申告者である」ということについては引き継がれないので，新たにその者の青色申告の承認申請手続きが必要となります。

　その場合の提出期限は，次のようになります。

23

相続が発生した年	提出期限
1月1日〜8月31日	死亡の日から4カ月以内
9月1日〜10月31日	その年の12月31日
11月1日〜12月31日	翌年の2月15日

　なお，白色申告者である被相続人の個人事業を引き継ぎ，相続人が青色申告の承認を受ける場合には，業務を開始した日から2カ月以内に提出が必要となります。

　青色申告者である被相続人から事業を引き継いだ場合の青色申告の承認が争点となった最高裁判例（昭和62年10月30日判決 TAINS：Z160-6001）があります。

　青色申告承認を受けていた被相続人の事業を承継した相続人が，青色申告の承認申請をしていないにもかかわらず，青色申告書を提出し，税務署がこれを受理し続け，その後も青色申告の承認の有無の確認を怠り継続して青色申告の用紙を送付していましたが，後日，その相続人が青色申告の承認申請をしていなかったことが判明し，課税庁がその申告を白色申告とする内容の更正処分を行った，という事案です。

　納税者は，青色申告の用紙が送られてきてそれに基づいて申告していたのだから，白色申告とする更正処分は信義則に反する，と主張しましたが，最高裁は，「納税者が青色申告書により納税申告したからといって，これをもって青色申告の承認申請をしたものはならず，また，税務署長が納税者の青色申告書による確定申告につきその承認があるかどうかの確認を怠り，翌年分以降青色申告の用紙をその納税者に送付したとしても，それをもってその納税者が税務署長により青色申告の提出を承認されたものとはならない。」として，納税者の主張を退けました。

4　所得内容の確認（事業所得・不動産所得以外の場合）

　事業所得・不動産所得以外の場合，まず「何の所得が発生しているのか？」の確認が必要です。言い換えれば，「なぜ確定申告が必要なのか？」ということです。

　確定申告が必要となるケースとしては，「2ヶ所以上の勤務先から給与所得を得ている（給与所得）」「保険契約の満期返戻金を受け取った（一時所得）」「医療費が多額になった（医療費控除）」「ふるさと納税をした（寄附金控除）」「借入金で住宅を

取得した（住宅借入金特別控除）」等々が挙げられます。確定申告をする理由をしっかりとヒアリングしておく必要があります。

確定申告をする理由を確認することは，当たり前のことと捉えられるかもしれません。しかし，例えば，「住宅を取得した」といっても，借入金でなく自己資金で取得している場合には住宅借入金等特別控除の適用はできませんし，親から資金援助を受けて取得した場合には，所得税でなく，贈与税の特例や相続時精算課税の適用を検討しなければなりません。

何故に確定申告が必要なのか，その理由を確認することは，所得税の実務においてとても重要なことといえます。

5　資料の収集・確認

確定申告業務を進めるに当たっては，当然に基礎資料が必要となります。

事業所得・不動産所得であれば，元帳や会計伝票といった青色申告決算書・収支内訳書を作成するための会計資料が必要です。給与所得・公的年金による雑所得が生じていればそれにかかる源泉徴収票が必要ですし，支払った社会保険料の領収書等が必要です。

何が必要な基礎資料となるのかについては，確定申告をする理由によって千差万別ですので，それぞれの理由に合わせた資料の収集と確認が必要です。

ATTENTION!

去年のことは繰り返される？

　源泉徴収票等の資料収集で，問題なく収集できれば良いのですが，納税者からお預かりした資料の中に「○○の計算書がありませんよ」と，再度，お願いすることはよくあることです。

　筆者の経験上，資料の整理の方法にその方の癖があるように思います。確定申告の業務で，毎年毎年，同じ資料を忘れてしまって，遅れて提出してくる納税者もいます。そこで，確定申告業務をスムーズに進行させるため，前年の業務日報等でその納税者がどのような形で資料を提出してくるのかを再確認して，「○○の計算書を忘れないでくださいね」と一言お声がけをするように心がけています。

6 前年分の確定申告内容との比較

本年分の確定申告内容がまとまったならば，前年分の確定申告書との比較が重要です。

前年分の確定申告書との比較を行うことによって，記載漏れのミスを防ぐことができます。特に，所得控除項目については，前年分と大幅に変更があることは少ないので，前年分の確定申告書との比較は重要となります。

7 予定納税額の確認

所得税の実務として，予定納税額の確認が重要です。

予定納税額の金額は，毎年6月頃に税務署から「予定納税額通知書」が送付されてきますので，それで確認をすることができます。振替納税（金融機関の口座振替）を選択している場合には，利用している口座振替の預貯金の通帳等でも確認できます。

また，電子申告をしている場合には，税務署がメッセージボックスに予定納税額として納めた金額をメールで知らせてきますので，そちらでも確認ができます。

8 既に提出してしまった確定申告書に誤りがあった場合の対処法

確定申告書を提出した後にその申告内容に誤りがあった場合，まだ申告期限である3月15日前であれば，再度，申告し直すことが認められています。実務上，法定申告期限内に同じ納税者から確定申告書が2以上提出された場合には，法定申告期限内にその納税者からの特段の申出がない限り，その2以上の申告書のうち最後に提出された申告書を，その納税者の申告書として取り扱うことになっているからです。

申告内容の誤りが発覚した時が申告期限である3月15日を過ぎてしまっている場合には，修正申告又は更正の請求の手続きを経て訂正する必要があります。

第2章

所得税における所得区分

　所得税の課税対象となる所得は,「事業所得」「不動産所得」「利子所得」「配当所得」「給与所得」「一時所得」「譲渡所得」「山林所得」「退職所得」「雑所得」の10種類に区分されます。

　本章においては,確定申告書の構成に従って,各所得の概要・計算方法・記入例を解説していきます。最後に,所得計算で赤字が生じた場合に必要となる損益通算の計算について解説していきます。

　また,確定申告書の作成業務において,留意すべき点,注意すべき点について適宜触れていきます。

　なお,所得税の実務の基本の解説をしていくことを本書の目的としていますので,譲渡所得については原則的な部分に止まることとし,租税特別措置法の譲渡所得については,必要な範囲で触れていくことにします。

所得税における10種類の所得区分

第2章 1

　所得税においては，所得は①利子所得（所法23），②配当所得（所法24），③不動産所得（所法26），④事業所得（所法27），⑤給与所得（所法28），⑥退職所得（所法30），⑦山林所得（所法32），⑧譲渡所得（所法33），⑨一時所得（所法34），⑩雑所得（所法35）の10種類に区分されます。

　なお，譲渡所得について，租税特別措置法が適用される「土地建物の譲渡所得」と「有価証券の譲渡所得」とを加えて，所得区分を12種類として論じる見解もあります。譲渡所得については，租税特別措置法の適用の可否が実務上，重要といえますので，このような理解も実務に合致しているといえます。本書においては，基礎を整理するという目的から，譲渡所得については総合譲渡の対象となるもののみを整理していきます。

　所得を10種類に区分する理由は，所得税は各種所得の担税力を考慮して，その発生の基となる原因・性質に応じて区分され，それぞれの所得に応じた計算規定が設けられていることにあります。

　所得税の実務においては，まず，この10種類の所得のいずれに該当するのかを区分し，それぞれに規定された算式によって，所得金額を計算します。

　確定申告書の⑦～⑪において収入金額等を記載し，①～⑧において所得金額を記入していきます。

　確定申告書の作成に当たっての手順ですが，事業所得・不動産所得の場合は「青色決算書又は収支内訳書の作成 ⇒第二表の作成 ⇒第一表の作成」という手順で，その他の所得の場合には「第二表の作成 ⇒第一表の作成」という手順で進めていく必要があります。

第2章　所得税における所得区分

第2章
2 事 業 所 得

1　事業所得とは

　事業所得とは，農業，漁業，製造業，卸売業，小売業，サービス業その他の事業から生ずる所得です。後に触れる「山林所得」又は「譲渡所得」に該当するものは除かれます。

　事業所得の金額は，その年中の事業所得に係る総収入金額から必要経費を控除した金額となります（所法27）。

事業所得の計算式	収入金額　－　必要経費　＝　所得金額

　事業所得の「収入金額」「必要経費」については，別途，事業所得用の「青色申告決算書」「収支内訳書」に記入し，所得金額を計算していきます。

2　申告書の記入例

【例】

・事業収入……25,220,000円

・必要経費……12,500,000円

・事業所得金額

　25,220,000円－12,500,000円＝12,720,000円

　この計算を青色決算書又は収支内訳書で行います。

29

【申告書の記入例】

第一表

				金額
収入金額等	事業	営業等	㋐	25220000
		農業	㋑	
	不動産		㋒	
	利子		㋓	
	配当		㋔	
	給与		㋕	
	雑	公的年金等	㋖	
		その他	㋗	
	総合譲渡	短期	㋘	
		長期	㋙	
	一時		㋚	

				金額
所得金額	事業	営業等	①	12720000
		農業	②	
	不動産		③	
	利子		④	
	配当		⑤	
	給与	区分	⑥	
	雑		⑦	
	総合譲渡・一時 ㋗＋{(㋙＋㋚)×½}		⑧	
	合計		⑨	

　農業所得については，個人事業税が課税されないため（地法72の2），確定申告書においても別の表記が必要となっています。農業所得とは，「米，麦，たばこ，果実，野菜若しくは花の生産若しくは栽培又は養蚕に係る事業その他これに類するものとして政令で定める事業から生ずる所得」（所法2①三十五）です。

　事業所得についての実務上の留意点については，第4章で整理していきます。

第2章　所得税における所得区分

第2章 3 不動産所得

1 不動産所得とは

　不動産所得とは，不動産，不動産の上に存する権利，船舶又は航空機（以下「不動産等」とします。）の貸付けによる所得です。地上権又は永小作権の設定等，他人に不動産を使用させることも不動産所得に該当します。事業所得又は譲渡所得に該当するものは除かれます。

　不動産所得の金額は，その年中の不動産所得に係る総収入金額から必要経費を控除した金額となります（所法26）。

不動産所得の計算式	収入金額 － 必要経費 ＝ 所得金額

　不動産所得においての「収入金額」「必要経費」については，先の事業所得と同様に，別途，不動産所得用の「青色申告決算書」「収支内訳書」に記入し，所得金額を計算していきます。

2 申告書の記入例

【例】

・不動産収入……5,000,000円

・必要経費……2,500,000円

・不動産所得の金額

　5,000,000円－2,500,000円＝2,500,000円

　この計算を青色決算書又は収支内訳書で行います。

31

【申告書の記入例】

第一表

	事業	営 業 等	㋐								
収		農 業	㋑								
入	不 動 産		㋒	5000000							
金	利 子		㋓								
額	配 当		㋔								
等	給 与		㋕								
	雑	公的年金等	㋖								
		その他	㋗								
	総合譲渡	短 期	㋘								
		長 期	㋙								
	一	時	㋚								

	事業	営 業 等	①								
所		農 業	②								
得	不 動 産		③	2500000							
金	利 子		④								
額	配 当		⑤								
	給与 区分		⑥								
	雑		⑦								
	総合譲渡・一時 ㋒＋{(㋙＋㋚)×½}		⑧								
	合 計		⑨								

　不動産事業所得についての実務上の留意点については，第5章で整理していきます。

第2章　所得税における所得区分

第2章

4 利子所得

① 利子所得とは

　利子所得とは，公社債及び預貯金の利子並びに合同運用信託等の収益の分配に係る所得をいいます。

　利子所得の金額は，その年中の利子等の収入金額となります（所法23）。

利子所得の計算式	収入金額　=　所得金額

　利子には，「公社債，預貯金の利子」が該当しますが，これらの利子は原則として源泉分離課税（15.315％）で課税関係が完了しますので，原則として確定申告は不要です（措法3・復興財確法28）。

② 利子所得においての留意点

(1) 非課税となる利子所得

　利子所得については，次のものが非課税となりますので，確定申告においては考慮する必要はありません。

【非課税となる利子所得】

① いわゆる子供銀行の預貯金等の利子等（所法9①二）

② 障害者等が受ける次の利子等（所法10）

・元本350万円を限度とする少額預貯金等の利子等

・元本350万円を限度とする少額公債の利子

③ 勤労者財産形成住宅貯蓄の利子等（措法4の2）

④ 特定寄附信託の利子（措法4の5）

⑤ 納税準備預金の利子（措法5）

33

⑵ 雑所得となる利子所得

次に掲げる利息等は，「利子」と称されていても，雑所得になります（所基通35−1）。

> 【雑所得となる利子等】
>
> ① 法人の役員等の勤務先預け金の利子で利子所得とされないもの
>
> ② いわゆる学校債，組合債等の利子
>
> ③ 定期積金のいわゆる給付補てん金

⑶ 利子所得に経費が認められない理由

利子所得については，利子として入金された金額がそのまま「所得金額」となります。必要経費は認められていません。

利子所得について，必要経費が認められない理由は，「通常，利子所得は経費を必要としない」という理由によるものです。

この点について，他の所得については何らかの差し引く計算要素があるにも関わらず利子所得にそれがないのは憲法違反だと争われた裁判例（東京高裁平成2年8月8日判決 TAINS：Z180−6558）があります。ここでは，「これは所得の種類や態様の異なるのに応じた徴税の方法を定めるという国の租税立法政策に由来するものであって合理的であるというべきである」として，利子所得に差し引く経費がないことの合憲性が認められています。

利子所得には経費が全く認められておりませんので，確定申告の記載としては，㊀欄の金額がそのまま④欄に転記されることになります。

⑷ 国外で支払われた利子等は確定申告が必要

確定申告が必要となる利子所得は，国内で源泉徴収されない国外で支払われた預貯金等の利子等です。

3 申告書の記入例

【例】
・利子の収入金額……100,000円

【記入例】

第二表

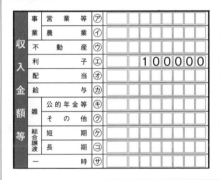

第一表

| 第2章 | **5** | **配 当 所 得** |

① 配当所得とは

　配当所得とは，法人から受ける剰余金の配当，利益の配当，剰余金の分配，金銭の分配，基金利息，並びに投資信託及び特定受益証券発行信託の収益の分配に係る所得をいいます。

　配当所得の金額は，その年中の配当等の収入金額から，株式等の配当所得を生ずべき元本を取得するために要した負債の利子の金額の合計額を控除した金額となります（所法24）。

| 配当所得の計算式 | 収入金額 － 株式等の取得のために要した負債利子 = 所得金額 |

② 配当所得の留意点

(1) 非課税となる配当所得

　オープン型の証券投資信託の収益の分配のうち，信託財産の元本の払い戻しに相当する特別分配金は，非課税となります（所法9①十一）。

(2) みなし配当

　法人の解散，合併等による金銭の交付金銭は，剰余金の配当，利益の配当，剰余金の分配又は金銭の分配とみなされ，配当所得として課税されます（所法25）。

(3) 配当所得の課税

　配当所得については，原則として確定申告の対象ですが，確定申告不要制度を選択することができる配当所得もあります。

第2章　所得税における所得区分

⑷　上場株式等に係る配当所得

　上場株式等の配当所得については，総合課税に代えて申告分離課税を選択することができます。総合課税か申告分離課税かの選択は，確定申告する上場株式等の配当所得の全額についてする必要があります。

　次の配当所得について，申告分離課税とする旨の記載のある確定申告書を提出したときは，他の所得と区分して，15.315％相当額の所得税及び復興所得税か課されることになります。加えて，5％の住民税が課されます（措法8の4，復興財確法13，同28，地法71の28）。

---

①　上場株式等の配当等（持ち分割合が3％以上の大株主は除きます。）

②　公募投資信託の収益の分配

③　特定投資法人の投資口の配当等

　配当所得について，申告分離課税の適用を選択した場合には，配当控除の適用はできません（措法8の4①）。

⑸　上場株式等の配当所得について確定申告するか否かの判断

　上場株式等の配当について，確定申告するか否かについては，1回に支払を受けるべき配当等の額ごとに判断します（措法8の5④）。上場株式等の配当について確定申告する場合に，すべての銘柄について申告しなければならないわけではありません。

　確定申告をしないこととした上場株式等の配当所得については，更正の請求をすることはできません（措法8の5②・措通8の5-1）。課税庁により決定処分が行われる場合も，確定申告をしないこととした上場株式等の配当所得は含めないで計算されます（措法8の5②）。

③　申告書の記入例

【例】

・配当の収入金額……1,000,000円

・株式等の取得のために要した負債利子……250,000円

・源泉徴収税額……153,150円

【記入例】

第二表

○ 所得の内訳（所得税及び復興特別所得税の源泉徴収税額）

所得の種類	種目・所得の生ずる場所又は給与などの支払者の氏名・名称	収入金額	所得税及び復興特別所得税の源泉徴収税額
配　当	株式配当 ○○株式会社	円 1,000,000	円 153,150
	㊹ 所得税及び復興特別所得税の源泉徴収税額の合計額		円

第一表

収入金額等	事業	営業等	㋐			所得金額	事業	営業等	①		
		農業	㋑					農業	②		
	不　動　産		㋒				不　動　産		③		
	利　　子		㋓				利　　子		④		
	配　　当		㋔	1000000			配　　当		⑤	750000	
	給　　与		㋕				給与 区分		⑥		
	雑	公的年金等	㋖				雑		⑦		
		その他	㋗				総合譲渡・一時 ㋖+[(㋙+㋚)×½]		⑧		
	総合譲渡	短期	㋘				合　　計		⑨		
		長期	㋙								
	一　　時		㋚								

第2章 所得税における所得区分

| 第2章 | **6** | **給 与 所 得** |

① 給与所得とは

　給与所得とは，俸給，給料，賃金，歳費及び賞与並びにこれらの性質を有する給与に係る所得をいいます。給与所得の金額は，その年中の給与等の収入金額から給与所得控除額を控除した残額です（所法28①②）。

| 給与所得の計算式 | 収入金額 － 給与所得控除額 ＝ 所得金額 |

② 給与所得の留意点

(1) 非課税となる給与所得

　次のものは，給与所得において非課税とされています。

【非課税となる給与所得】
① 出張旅費・転任旅費（所法9①四）
② 一定の通勤手当（所法9①五）
③ 使用者から受ける制服・身回品等の利益で，その職務の性質上，欠くことのできないもの（所法9①六）
④ 国外で勤務する居住者が受ける給与のうち，その勤務により国内で勤務した場合に受けるべき通常の給与に加算して受ける在勤手当（所法9①七）
⑤ 特定の取締役等が受ける新株予約権等の行使による株式の取得に係る経済的利益（措法29の2）

(2) 給与所得控除額・特定支出控除

① 給与所得控除額

　給与所得から差し引かれる「給与所得控除額」については，給与収入金額に合わ

39

せて一定金額が定められており（所法28③），「給与所得控除後の給与等の金額の表（別表第五）」に当てはめて，給与所得金額が確定しますので，特に計算が必要となるわけではありません。

② 給与所得者の特定支出控除

給与所得者については，その年中の特定支出の額の合計額が，給与所得控除額の2分の1に相当する金額を超える場合には，確定申告をすることにより，その超える部分の金額を給与所得控除後の金額から控除することが特例として認められています（所法57の2①）。

特定支出の額とは，勤務必要経費（図書費・交際費等）・帰宅旅費・資格取得費・研修費・転居費・通勤費がこれに該当します。

この特例を受けるためには，「特定支出に関する明細書」と「給与の支払者の証明書」を確定申告書に添付し，加えて「搭乗・乗車・乗船に関する証明書」や「支出した金額を証する書類」を確定申告書に添付又は提示する必要があります（所令167の3・同167の4・同167の5・所規36の5・同36の6）。

(3) 確定申告が必要となる給与所得者

給与所得については，会社で年末調整が行われ，その年分の所得税が精算されますので，所得が給与所得のみであれば，基本的には確定申告は不要ですが，次に該当する給与所得者については確定申告が必要となります。

【給与所得者が確定申告を必要とする場合】

① 給与の収入金額が2,000万円超の者

② 給与所得及び退職所得以外の所得金額（不動産所得・事業所得等）の合計額が20万円を超える者

③ 2ヶ所以上から，給与を受け，かつ，その給与の全部が源泉徴収の対象となる場合に，年末調整を受けた主たる給与以外の従たる給与の収入金額と給与所得及び退職所得以外の所得金額との合計額が20万円を超える者

　　ただし，2ヶ所以上から給与を受ける給与所得者であっても，その給与収入の合計額(*)が150万円以下である者で，給与所得及び退職所得以外の所得金額の合計額が20万円以下の者は，確定申告の必要はありません。

第2章　所得税における所得区分

④　常時2人以下の家事使用人のみを雇用している者に雇われている者等，給与の支払いを受ける際に源泉徴収をされないことになっている者

⑤　同族会社の役員やこれらの役員と親族関係等にある者で，その会社から給与の他に貸付金の利子，不動産の賃貸料，機械器具の使用料等の支払を受けている者

⑥　災害により被害を受け，「災害被害者に対する租税の減免，徴収猶予等に関する法律」の規定による徴収猶予又は還付を受けている者

＊　その給与所得者が社会保険料控除・小規模企業共済等掛金控除・生命保険料控除・地震保険料控除・障害者控除・寡婦（寡夫）控除，勤労学生控除・配偶者控除・配偶者特別控除・扶養控除を受ける場合には，その給与収入の合計額からこれらの控除の額を差し引いた金額で判定します。

(4)　同族会社の役員と確定申告

同族会社の役員や親族などで，その法人から給与のほかに，貸付金の利子，又は不動産，動産，営業権その他の資産をその法人の事業の用に供することにより対価の支払を受けている者は，たとえ給与以外の他の所得の金額が20万円以下の少額であってもすべて確定申告しなければならないこととされています（所法121①・所令262の2）。

同族会社の役員や親族に対する貸付金の利子，不動産賃貸料等は，法人税においては損金として計上されます。それに対して，20万円の少額の申告不要制度を適用すると，その支出に対しては課税をされるタイミングが失われ，課税の公平を害するので，どんなに少額であっても申告義務を必要としたのです。

③　申告書の記入例

【例】
・㈱○○○からの給与収入金額……21,000,000円（源泉徴収税額4,657,704円）
・△△△㈱からの給与収入金額……1,200,000円　（源泉徴収税額43,200円）

※　この例では，給与所得控除額は上限額である2,200,000円となります。

【申告書への記入例】

第二表

○ 所得の内訳（所得税及び復興特別所得税の源泉徴収税額）

所得の種類	種目・所得の生ずる場所又は給与などの支払者の氏名・名称	収入金額	所得税及び復興特別所得税の源泉徴収税額
給　与	給料賞与 株式会社○○○	21,000,000 円	4,657,704 円
給　与	給料 △△△株式会社	1,200,000	43,200
	㊹所得税及び復興特別所得税の源泉徴収税額の合　計　額		円

第一表

収入金額等	事 営 業 等	㋐									所得金額	事業	営 業 等	①						
	農　業	㋑										農　業	②							
	不 動 産	㋒										不 動 産	③							
	利　子	㋓										利　子	④							
	配　当	㋔										配　当	⑤							
	給　与	㋕	2	2	2	0	0	0	0	0		給与 区分	⑥	2	0	0	0	0	0	0	0
	雑 公的年金等	㋖										雑	⑦							
	その他	㋗										総合譲渡・一時 ㋗＋{(㋙＋㋚)×½}	⑧							
	総合譲渡 短　期	㋘										合　計	⑨							
	長　期	㋙																			
	一　時	㋚																			

42

発行された「源泉徴収票」「支払調書」で判断せざるを得ない？

　給与所得は，原則として雇用契約に基づいて支給される労務の対価です。そこには，雇用主から時間的・空間的拘束を受け指示命令を受け，自己の計算と危険がない雇用された立場であることが前提となります。しかし，実務上，給与か報酬かで判断に迷うケースがあります。

　この点について整理すれば，源泉徴収義務者である支給者が，支払いの段階で源泉徴収事務の判断（給与か報酬かの判断）をしています。その判断に基づき，支給者側で「給与」と判断すれば給与としての源泉徴収がなされ，給与所得の源泉徴収票が発行され，「報酬」と判断すれば報酬としての源泉徴収がなされ，報酬の支払調書が発行されます。

　所得税の実務としては，発行された資料が源泉徴収票か支払調書かで判断せざるをえません。源泉徴収票であれば「給与所得」として確定申告し，報酬であれば「事業所得」又は「雑所得」として確定申告することになります。

　所得税基本通達28-1以下で給与の該当性について謳われているほど，「給与」という概念は，意外と不明確なものといえそうです。

　働き方も多種多様となった現在において，実務上，源泉徴収実務の段階で，改めて給与の該当性の判断について見直すべきケースはあるように考えます。

第2章

7 雑 所 得

1 雑所得とは

　雑所得とは，利子所得，配当所得，不動産所得，事業所得，給与所得，退職所得，山林所得，譲渡所得及び一時所得のいずれにも該当しない所得をいいます。

　雑所得については，「公的年金等による雑所得」と「その他の雑所得」の2種類に分けられます。それぞれ，所得金額の計算については，次のようになっています（所法35）。

雑所得の計算式	公的年金等の収入金額 － 公的年金等控除額 ＝ ①
	公的年金等以外の収入金額 － 必要経費 ＝ ②
	① ＋ ② ＝ 所得金額

2 雑所得の留意点

(1) 雑所得と事業所得の区分

　実務において，原稿料等，雑所得に該当するのか事業所得に該当するのかの判断に迷うことがあります。

　この点については，最高裁判例（昭和56年4月24日判決 TAINS：Z117-4788）が，事業所得の定義として「事業所得とは，自己の計算と危険において独立して営まれ，営利性，有償性を有し，かつ反覆継続して遂行する意思と社会的地位とが客観的に認められる業務から生ずる所得」であると述べられており，ひとつの判断基準とされています。しかし，この定義に拠っても，実務では判断が難しいところではあります。

　そこで，裁決（平成29年10月6日裁決 TAINS：F0-1-837）で示された次の要素をもって判定することが実務上，有効といえます。

【雑所得と事業所得との判定】

① 営利性・有償性の有無

② 反復継続性の有無

③ 企画遂行性の有無

④ その者が費やした精神的・肉体的労力の有無・程度

⑤ 人的・物的設備の有無

⑥ その者の職業・経験・社会的地位・生活状況

⑦ 相当程度の期間継続して安定した収益を得られる可能性の有無及び程度

(2) 非課税となる雑所得

次のものは，雑所得としては非課税となります。

【非課税となる雑所得】

① 地方公共団体による心身障害者扶養共済制度に基づく給付（所法9①三）

② 傷病賜金・遺族恩給・遺族年金等（所法9①三）

(3) 給与所得者の副収入

給与所得者で，給与所得以外の副収入を得ている場合，その副収入については雑所得で申告する必要があります。

例えば，次のような副収入が挙げられます。

【給与所得者の副収入の例】

① インターネットのオークションサイトやフリーマーケットアプリなどを利用した個人取引による所得

② 衣服・雑貨・家電などの資産の売却による所得(＊)

③ 自家用車などの資産の貸付けによる所得

④ ベビーシッターや家庭教師などの人的役務の提供による所得

⑤ ビットコインをはじめとする仮想通貨の売却等による所得

⑥ 民泊による所得

> ＊　生活の用に供している古着や家財等の売却による所得は非課税です。

⑷　公的年金等による雑所得の留意点

　確定申告の実務上，公的年金等による雑所得の対応件数は多いと思われます。そこで，公的年金等による雑所得の実務上の留意点について整理していきます。

①　公的年金等による雑所得の申告時期

　公的年金等による雑所得の申告時期として，次の日が発生した年分として申告します（所基通36-14）。

> ①　公的年金等の支給の基礎となる法令等により定められた支給日
> ②　法令改正等によって，過去に遡って支払われる過去分の公的年金等の差額については，法令等により支給日が定められているものについてはその支給日，その日が定められていないものについてはその改正等の効力が生じた日

　公的年金等の雑所得については，日本年金機構等の年金支給者から発行された源泉徴収票に基づいて申告をしますので，上記の支給日を実際に確認することが必要となることはありません。

②　過年度分の公的年金等の取扱い

　公的年金等の雑所得で注意が必要なのは，受給額の計算の誤り等によって，過去年分として支給されるケースがあることです。

　裁定，改定等の遅延，誤り等により既往にさかのぼって支払われる公的年金等については，法令等により定められた当該公的年金等の計算の対象とされた期間に係る各々の支給日によることとなります（所基通36-14注）。

　裁定，改定等の遅延，誤り等によって支給された場合であっても，過年度分としての源泉徴収票が発行されますので，その源泉徴収票に基づき，該当する年分の公的年金等による雑所得として申告します。

③　公的年金等の雑所得の確定申告不要制度

　公的年金等に係る雑所得の収入金額が400万円以下で，かつ，公的年金等に係る雑所得以外の所得金額が20万円以下である場合には，確定申告書の提出は不要とされています（所法121③）。

ただし，所得税の還付を受けたい場合や損失を繰り越すためには，確定申告が必要となります。

また，個人住民税の申告は原則として必要です。公的年金等の雑所得について，確定申告が不要となる場合でも，個人住民税については申告不要制度がないので，別途，個人住民税の申告が必要です（地法317の2①）。

④　雑所得の赤字と公的年金等の所得金額

雑所得の金額は，公的年金等の雑所得の金額とそれ以外の雑所得の金額の「合計額」とされていることから，公的年金等以外の雑所得が赤字であった場合，公的年金等の雑所得の金額からその赤字額を差し引くことができます（所法35②）。

③　申告書の記入例

【例】

・年金の収入金額……5,200,000円（源泉徴収税額70,000円）

・講演料の収入金額……200,000円

・講演料の必要経費……100,000円（源泉徴収税額20,420円）

※　この例では，公的年金等控除額は，1,565,000円となります。

【記入例】

第二表

○　所得の内訳（所得税及び復興特別所得税の源泉徴収税額）

所得の種類	種目・所得の生ずる場所又は給与などの支払者の氏名・名称	収入金額	所得税及び復興特別所得税の源泉徴収税額
雑	年金 厚生労働省年金局	円 5,200,000	70,000
雑	講演料 △△△学会	200,000	20,420
	㊹ 所得税及び復興特別所得税の源泉徴収税額の合計額		円

○　雑所得（公的年金等以外）、総合課税の配当所得・譲渡所得、一時所得に関する事項

所得の種類	種目・所得の生ずる場所	収入金額	必要経費等	差引金額
雑	講演料 △△△学会	円 200,000	円 100,000	円 100,000

公的年金等の雑所得とそれ以外の雑所得をそれぞれ別に記載します。それ以外の雑所得の必要経費については，集計した合計額を記載すれば足り，集計した根拠となるものの添付は不要です。

第一表

収入金額等	事業	営業等	㋐							
		農業	㋑							
	不動産		㋒							
	利子		㋓							
	配当		㋔							
	給与		㋕							
	雑	公的年金等	㋖		5	2	0	0	0	0	0
		その他	㋗			2	0	0	0	0	0
	総合譲渡	短期	㋘							
		長期	㋙							
	一時		㋚							

所得金額	事業	営業等	①							
		農業	②							
	不動産		③							
	利子		④							
	配当		⑤							
	給与 区分		⑥							
	雑		⑦			3	7	3	5	0	0	0
	総合譲渡・一時 ㋘+{(㋙+㋚)×½}		⑧							
	合計		⑨			3	7	3	5	0	0	0

　公的年金等の雑所得については㋖欄に，それ以外の雑所得については㋗欄に記載し，それぞれの所得金額の合計を⑦欄に記載します。

ATTENTION!

還付加算金は「雑所得」

　前年分の所得税還付金が多額となっている場合，その還付金額に「還付加算金」が含まれていることがあります。還付金が生じた場合には，遅滞なく還付することとされており（通法56），原則として還付すべき税額の納付の日の翌日から還付のための支払決定の日までの期間の日数に応じて，還付金の金額に年率7.3％の割合を乗じた金額を加算することとなっています（通法58）。この加算された金額が「還付加算金」です。

　還付加算金は，所得税の課税対象です。実務上は，雑所得として確定申告書に明記して申告します。

第2章　所得税における所得区分

第2章 **8** **総合譲渡所得**

❶　総合譲渡所得とは

　譲渡所得とは，ゴルフ会員権，金地銀，船舶，機械，特許権，漁業権，書画，骨董，貴金属等の資産の譲渡による所得をいいます（所法33）。

　譲渡所得については，「短期譲渡所得」と「長期譲渡所得」に区分する必要があります。

　短期譲渡所得とは，資産の譲渡でその資産の取得の日以後5年以内になされたものによる所得をいいます。

　長期譲渡所得とは，資産の譲渡でその資産の取得の日以後5年を超えてなされたものによる所得をいいます。

　短期譲渡所得に該当するか，長期譲渡所得に該当するかの判断については，その年の1月1日の時点で判断します。

譲渡所得の計算式	収入金額 － 資産の取得費・改良費・設備費・譲渡経費 － 特別控除額（最高50万円） ＝ 所得金額

　50万円の特別控除額は，短期譲渡所得に係るものから控除します。

　長期譲渡所得の金額は，所得金額の2分の1に相当する金額となります。

❷　総合譲渡所得の留意点

(1)　非課税となる譲渡所得

　次のものは，譲渡所得としては非課税となります。

【非課税となる譲渡所得】
① 　生活の用に供する家具・什器・衣服等（1個又は1組の価格が30万円を超

49

える貴石・骨董品等を除く）の譲渡所得（所法9①九）

② 資力を喪失して債務を弁済することが著しく困難である場合における強制換価手続による資産（棚卸資産等を除く）譲渡所得（棚卸資産等の譲渡は除かれます。）（所法9①十）

③ 公社債等の譲渡所得（措法37の15）

④ 国・地方公共団体等に対して譲渡所得の基因となる資産等を寄付したことによる所得（措法40）

⑤ 国・地方公共団体に対する重要文化財（土地を除く）の譲渡所得（措法40の2）

⑥ 相続税の物納（措法40の3）

⑦ 取締役等が債務処理計画に基づき，その法人に資産（有価証券を除く）で所定のものを贈与したことによる所得（措法40の3の2）

⑧ 非課税口座内少額上場株式等の譲渡所得（措法37の14・同37の14の2）

(2) 資産の取得の日

　譲渡所得の総収入金額の収入すべき時期は，「譲渡所得の基因となる資産の引渡しがあった日」が原則ですが，納税者の選択により，その資産の譲渡に関する契約の効力発生の日により総収入金額に算入して申告することも認められます（所基通36－12）。

　譲渡所得の総収入金額の収入すべき時期は，資産の譲渡の当事者間で行われるその資産に係る支配の移転の事実（例えば，土地の譲渡の場合における所有権移転登記に必要な書類等の交付）に基づいて判定をしたその資産の引渡しがあった日によりますが，収入すべき時期としては，譲渡代金の決済を了した日より後にはなりません（所基通36－12注1）。

(3) みなし譲渡

　法人に対して資産を時価の2分の1未満の価額で譲渡した場合，時価によって譲渡したものとみなされます（所法59①，所令169）。

(4) 租税特別措置法の譲渡所得

譲渡所得について，実務で重要なのは，土地・建物等の譲渡所得といえます。むしろ，実務的には，譲渡所得といえば「土地・建物等の譲渡に関する案件」といっても過言ではないかもしれません。

土地・建物等の譲渡所得については，「租税特別措置法」という法律で定められており，実務でよく取り扱われる「居住用財産を譲渡した場合の特別控除」（措法35）や「収用交換等の場合の譲渡所得と特別控除」（措法33の4）等々が定められています。

土地・建物等の譲渡については，特別控除額等の適用要件が細かく定められておりますので，譲渡事例ごとに要件の適合性を必ず確認する必要があります。

なお，租税特別措置法における譲渡所得についての詳細は，本書においては触れません。

③ 申告書の記入例

【例】

・短期譲渡の収入金額・・・・・・・・2,000,000円

・短期譲渡の必要経費・・・・・・・・500,000円

・長期譲渡の収入金額・・・・・・・・3,000,000円

・長期譲渡の必要経費・・・・・・・・1,500,000円

【申告書への記入例】

第二表

○ 雑所得（公的年金等以外）、総合課税の配当所得・譲渡所得、一時所得に関する事項

所得の種類	種目・所得の生ずる場所	収入金額	必要経費等	差引金額
短期譲渡	骨とう △△画廊	2,000,000 円	500,000 円	1,500,000 円
長期譲渡	ゴルフ会員権 ＊＊ゴルフクラブ	3,000,000	1,500,000	1,500,000

第一表

収入金額等	事業	営業等	㋐							
		農業	㋑							
	不動産		㋒							
	利子		㋓							
	配当		㋔							
	給与		㋕							
	雑	公的年金等	㋖							
		その他	㋗							
	総合譲渡	短期	㋘		1	0	0	0	0	0	0
		長期	㋙		1	5	0	0	0	0	0
	一時		㋚							

所得金額	事業	営業等	①							
		農業	②							
	不動産		③							
	利子		④							
	配当		⑤							
	給与 区分		⑥							
			⑦							
	雑									
	総合譲渡・一時 ㋙+{(㋘+㋚)×½}		⑧		1	7	5	0	0	0	0
	合計		⑨							

・短期譲渡所得の金額

⇒2,000,000円−500,000円−500,000円（特別控除額）＝1,000,000円（A）

・長期譲渡所得の金額

⇒（3,000,000円−1,500,000円）×$\frac{1}{2}$＝750,000円（B）

A＋B＝1,750,000円

第2章　所得税における所得区分

第2章 9 一時所得

１ 一時所得とは

　一時所得とは，利子所得，配当所得，不動産所得，事業所得，給与所得，退職所得，山林所得及び譲渡所得以外の所得のうち，営利を目的とする継続的行為から生じた所得以外の一時の所得で労務その他の役務又は資産の譲渡の対価としての性質を有しないものをいいます。つまり，「偶発的な所得」「タナボタのような所得」をいいます。

　一時所得の金額は，その年中の一時所得に係る総収入金額からその収入を得るために支出した金額の合計額を控除し，その残額から一時所得の特別控除額（最高50万円）を控除した金額となります（所法34）。

　一時所得の総収入金額から差し引ける支出は，その収入を生じた行為をするため，又はその収入を生じた原因の発生に伴い直接要した金額に限ります。

| 一時所得の計算式 | $\left\{ 収入金額 - \dfrac{収入を得るために}{直接支出した金額} - \dfrac{特別控除額}{（最高50万円）} \right\} \times \dfrac{1}{2} = 所得金額$ |

２ 一時所得の留意点

(1) 非課税となる一時所得

　次のものは，一時所得としては非課税となります。

【非課税となる一時所得】
① 文化功労者年金・財務大臣が定める学術奨励金等（所法9①十三）
② オリンピック競技会・パラリンピック競技会における賞金（所法9①十四）
③ 学資金・扶養義務者間での法定扶養料（所法9①十五）

53

④ 相続，遺贈又は個人からの贈与により取得するもの（所法9①十六）

⑤ 損害保険金及び損害賠償金等で，心身に加えられた損害又は突発的な事故により資産に加えられた損害に基因して取得するもの（棚卸資産の損害等は除かれます。）（所法9①十七）

⑥ 特定の選挙運動資金（所法9①十八）

⑦ 消費税率の引き上げに際して支給される給付金（措法41の8）

⑧ 宝くじの当選金（当せん金附証票法13）

(2) 一時所得の総収入金額の収入すべき時期

一時所得の総収入金額の収入すべき時期は，その支払を受けた日によるものとします。ただし，その支払を受けるべき金額がその日前に支払者から通知されているものについては，当該通知を受けた日により，生命保険契約等に基づく一時金又は損害保険契約等に基づく満期返戻金等のようなものについては，その支払を受けるべき事実が生じた日によるものとします（所基通36-13）。

(3) 懸賞金・競馬の馬券の払戻金，競輪の車券の払戻金

宝くじによる当選金については，特別法によって非課税所得とされてはいますが，懸賞金，福引の当選金品といった偶発的に発生した所得は一時所得に該当します（所基通34-1）。一定の懸賞金については，懸賞金が支払われたことによる支払調書が課税庁に提出されますので，申告漏れのないように注意が必要です。

加えて，競馬の馬券の払戻金，競輪の車券の払戻金等といったギャンブルによる収入は一時所得に該当します。ただし，営利を目的とする継続的行為から生じたものについては，雑所得又は事業所得になります（所基通34-1）。

(4) ふるさと納税の返戻金

ふるさと納税をすることにより，特産品等の返戻品を受け取ることができますが，この返戻品については，非課税ではなく，偶発的に受けた経済的利益として，一時所得に該当します。

しかし，一時所得では50万円の特別控除額を差し引くことができますので，相当

第2章 所得税における所得区分

に高額な返戻品を受け取らない限り，課税の対象とならないのが実際ともいえます。

3 申告書の記入例

【例】
- 一時所得の収入金額……3,000,000円 （源泉徴収税額30,000円）
- 一時所得の必要経費……1,500,000円

【申告書への記入例】

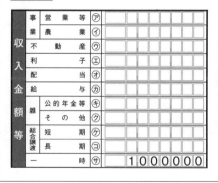

第2章 10 山林所得・退職所得

　以上において，確定申告書の構成に従って，所得区分について整理してきました。次に，やや特殊である山林所得と，分離課税の対象となる退職所得についての概要を整理します。

1 山林所得

(1) 山林所得とは

　山林所得とは，保有期間5年を超える山林の伐採・譲渡のよる所得です（所法32）。山林の保有期間が5年以内の伐採・譲渡による所得は，事業所得若しくは雑所得となります。

　山林所得の金額は，次のように計算します。

山林所得の計算式	伐採・譲渡による収入金額　－　必要経費　－　特別控除額（最高50万円）　＝　所得金額

(2) 山林所得の概算経費控除

　山林所得については，山林を長期間に亘って育成し，伐採・譲渡したことによる所得です。長期間の必要経費の計算については明確性を欠くこと，植林は治山治水のために奨励すべきであること，という山林所得の特性から概算経費控除が認められています。

山林所得の概算経費控除	（収入金額　－　伐採費等）　×　50%　＋　伐採費等　＝　概算経費額

　この概算経費控除は，伐採又は譲渡した年の15年前の12月31日以前から引き続き所有していた山林を伐採又は譲渡した場合に認められます。

第2章　所得税における所得区分

2　退 職 所 得

(1)　退職所得とは

　退職所得とは，「退職手当」「一時恩給金」といった退職により一時に受ける給与等です（所法30）。

　退職所得については，原則として，その支払を受けるときに，勤務先において退職金の総額から所得税・復興特別所得税を源泉徴収して支払われ，それでもって課税関係は完了しますので，確定申告は不要です。

　なお，退職所得については住民税も特別徴収される点に注意が必要です。

(2)　退職所得の金額の計算

　退職所得は，次のように計算します。

退職所得の計算式	（ 退職金等の収入金額　－　退職所得控除額 ） × $\dfrac{1}{2}$ ＝　所得金額

　退職所得控除額は，勤続年数により定められており，勤続年数20年以下であれば「1年につき40万円」，勤続年数20年を超えた部分については「1年につき70万円」となっています。

　勤続年数が長ければ長いほど，退職所得控除額は増額します。さらに，退職所得控除額を差し引いた金額に2分の1を乗じることとされていますので，退職所得については，その租税負担を軽減する措置が講じられているといえます。

(3)　特定役員に対する退職金

　勤続年数が5年以下である会社役員は，退職所得の計算上「特定役員」として位置づけられています（所令71の2）。

退職所得の計算式 （特定役員の場合）	退職金等の収入金額　－　退職所得控除額 ＝　所得金額

特定役員に対する退職金については，上記算式で2分の1を乗じることが認められていません。これは，退職所得の2分の1課税を前提に，短期間のみ在職することが当初から予定されている法人役員が，毎月の役員給与額を低く設定し，その分を高額な退職金として受け取ることにより税負担を回避するといった事例が多くあったため，それを防ぐために平成23年度税制改正により設けられました。

第2章　所得税における所得区分

第2章 11 所得が赤字となった場合 －損益通算・純損失の繰越控除－

1 損益通算とは

以上において所得区分を概観してきました。

所得は，常に利益が生じて黒字となるわけではなく，損失が生じて赤字となることもあります。赤字となった所得金額がある場合，他の黒字の所得金額と通算ができる「損益通算」という制度があります（所法69）。

2 損益通算の対象となる所得

損益通算は，全ての所得について認められているわけではありません。損益通算のできる損失は限定されています。

【損益通算のできる損失】

① 不動産所得から生じた損失

② 事業所得から生じた損失

③ 譲渡所得から生じた損失

④ 山林所得から生じた損失

上記の4つの所得から生じた損失が損益通算の対象となります。したがって，利子所得・配当所得・給与所得・退職所得・一時所得・雑所得から生じた損失については，損益通算の対象とはなりません。

利子所得・配当所得・給与所得・退職所得については，その計算構造上，損失が発生することはありません。一時所得・雑所得については，偶発的・非事業的な所得であるが故に，生じた損失についての損益通算が認められません。

加えて，生活に通常必要でない資産に係る所得の金額の計算上生じた損失や，租税特別措置法の適用となる土地・建物の譲渡による損失（措法31①・同32①）も損益通算が認められません。

59

3 　損益通算の順序

　損益通算については，所得区分によって4段階の順序が定められています（所令198）。なお，ここでいう「経常所得グループ」とは，利子所得・配当所得・不動産所得・事業所得・給与所得・雑所得の6つの所得をいいます。

(1) 　第一次通算

　最初に，総所得内での損益通算をします。

① 　経常所得グループでの損益通算

　事業所得・不動産所得から生じた損失の金額は，他の経常所得（利子所得・配当所得・給与所得・雑所得）の金額と通算します。

② 　譲渡所得・一時所得との損益通算

　譲渡所得から生じた損失の金額は，一時所得の金額（2分の1を乗じる前の金額）と通算します。

(2) 　第二次通算

　総所得内での損益通算後，まだ損失が残っている場合には，次のように計算します。

① 　経常所得グループに損失が残っている場合

　譲渡所得・一時所得の金額から順次通算します。

② 　譲渡所得・一時所得で損失が残っている場合

　経常所得グループから通算します。

(3) 　第三次通算

　第二次通算を経てもまだ損失が残っている場合には，山林所得・退職所得から順次通算します。

(4) 　第四次通算

　山林所得から生じた損失については，まず経常所得グループと通算し，まだ損失が残っている場合には譲渡所得・一時所得と通算し，それでもなお損失が残ってい

る場合には，退職所得と通算します。

5 純損失の繰越控除

　損益通算をしてもなお損失が残っている場合には，その金額を「純損失」として，一定の要件のもと，翌年以降3年間繰り越して控除することが認められます（所法70）。なお，青色申告者については，前年分の所得税の繰戻還付の請求をすることも認められています（所法140）。

第3章

所得控除

　所得金額の計算が完了すれば，次は「所得控除」の計算になります。

　所得控除は，物的控除として，「雑損控除」「医療費控除」「社会保険料控除」「小規模企業共済等掛金控除」「生命保険料控除」「地震保険料控除」「寄附金控除」があり，人的控除として，「寡婦（寡夫）控除」「勤労学生控除」「障害者控除」「配偶者控除」「配偶者特別控除」「扶養控除」「基礎控除」があります。

　本章において，各所得控除の適用要件と，実務上の留意点について解説していきます。

　所得控除は，総所得金額から差し引かれ課税所得金額を算出・確定させるための重要な要素となります。また，納税義務者それぞれに適用される所得控除の項目は異なってきます。特に，人的控除については，納税義務者それぞれの家庭状況が反映されてきます。

　所得控除は，まさに個人的な事情が反映されるところになりますので，その適用要件について理解しておくことは実務上，重要なことになります。

第3章 1 所得控除の概要

所得税の計算においては，所得控除というものを差し引いていきます。

確定申告書において，記載する欄は，⑩〜㉔です。

所得控除の種類としては，①雑損控除，②医療費控除，③社会保険料控除，④小規模企業共済等掛金控除，⑤生命保険料控除，⑥地震保険料控除，⑦寄附金控除，⑧障害者控除，⑨寡婦（寡夫）控除，⑩勤労学生控除，⑪配偶者控除，⑫配偶者特別控除，⑬扶養控除，⑭基礎控除の14種類が規定されています。

所得控除には，それぞれに性質と目的とがあり，整理すると次のようになります。

図表1-1　所得控除の全体像

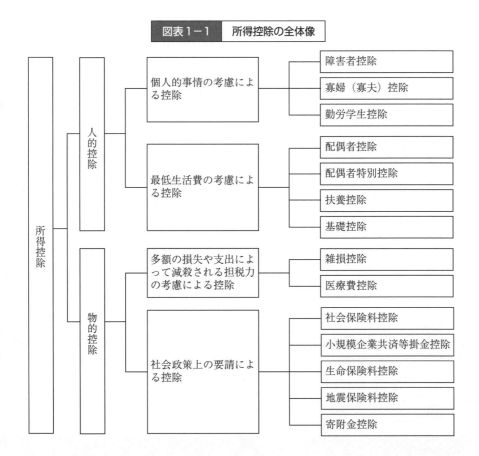

人的控除は，「所得のうち本人およびその家族の最低限度の生活を維持するのに必要な部分は担税力をもたない，という理由に基づくものであって，憲法25条の生存権の保障の租税法における現われである。」と説明されています。

物的控除については，「家事関連の特定の支出項目ないし損失について，それらを担税力減殺の要因とみて，所得税負担の緩和を図る趣旨」であると説明されています。

所得控除の種類

第3章 2

次に，それぞれの所得控除の適用要件と実務上の留意点について説明します。

1　雑損控除

　納税者，そして納税者と生計を一にする配偶者その他の親族が有する資産について災害又は盗難若しくは横領による損失が生じた場合に，その損失の金額を控除します（所法72）。

　ただし，その損失について，損害保険金・損害賠償金等で補填を受けた場合には，その補填された部分の金額については控除されません。つまり，純損失が雑損控除の対象となります。

(1)　控除額

　雑損失の控除額は，次のとおりです（所法72）。

損失の区分	控除額
①　その年の損失の金額のうちに災害関連支出の金額がない場合又は5万円以下の場合	損失の金額－総所得金額等×1/10
②　その年の損失の金額のうちに5万円を超える災害関連支出がある場合	損失の金額－次のア・イのいずれか低い金額 ア　損失の金額－（災害関連支出の金額－5万円） イ　総所得金額等×1/10
③　その年の損失の金額がすべて災害関連支出の金額である場合	損失の金額－次のア・イのいずれか低い金額 ア　5万円 イ　総所得金額等×1/10

(2)　実務上の留意点

①　損害金額を証明する書類の添付又は掲示

　雑損控除の適用を受ける場合には，その金額を証明する書類の添付又は掲示が必要です（所令262①一）。

66

② 対象となる損害は,「盗難」「横領」のみ

雑損控除の対象となる損害は,刑事犯罪に係るものとしては,「盗難」「横領」による損害であり,「詐欺」や「恐喝」による損害は対象となりません。

盗難・横領については,自己の意思に反して財産を奪われていることから雑損控除の対象となり,詐欺・恐喝については,「騙された」「脅された」とはいえ,一応,自己の意思に基づいて財産を処分していることから,雑損控除の対象とならないのです。したがって,「振り込め詐欺」といった詐欺行為により金銭を詐取された場合においても,その損失は雑損控除の対象とはなりません(所法72,所令9)。

盗難・横領による損害について,雑損失控除の適用を受ける場合の証明書類としては,警察が発行する被害証明書が該当します。

③ 雑損失の繰越控除

雑損控除の金額を所得金額から引き切れない場合には,その引き切れなかった残額を翌年以後3年間繰り越し,翌年以降の所得計算で差し引くことができます(所法71)。

雑損控除は,所得控除項目の中で唯一,翌年以降に繰り越して控除することが認められています。

④ 災害関連による損失の場合,原状回復費用は損失額から控除

災害関連支出は,原状回復費用から資産の損失額を控除した残りの金額となります(所令206①二ロ)。

(3) 申告書の記入例

【例】
・火災による損害額……1,000,000円

・保険による補填額……500,000円

・総所得金額…………500,000円

※ 雑損控除額は次のとおりとなります。

$$(1,000,000 - 500,000) - 500,000 \times \frac{1}{10} = 450,000円$$

【申告書への記入例】

第二表

○ 所得から差し引かれる金額に関する事項

⑩ 雑損控除	損害の原因	損害年月日	損害を受けた資産の種類など
	火災	30.3.15	家財一式
	損害金額 1,000,000 円	保険金などで補填される金額 500,000 円	差引損失額のうち災害関連支出の金額 円

⑪ 医療費控除	支払医療費等 円	保険金などで補填される金額 円

⑫ 社会保険料控除	社会保険の種類	支払保険料	⑬ 小規模企業共済等掛金控除	掛金の種類	支払掛金
		円			円
	合　計			合　計	

⑭ 生命保険料控除	新生命保険料の計 円	旧生命保険料の計 円
	新個人年金保険料の計	旧個人年金保険料の計
	介護医療保険料の計	

⑮ 地震保険料控除	地震保険料の計 円	旧長期損害保険料の計 円

第一表

所得から差し引かれる金額	雑損控除	⑩	450000
	医療費控除 区分	⑪	
	社会保険料控除	⑫	
	小規模企業共済等掛金控除	⑬	
	生命保険料控除	⑭	
	地震保険料控除	⑮	
	寄附金控除	⑯	
	寡婦、寡夫控除	⑱	0000
	勤労学生、障害者控除	⑲〜⑳	0000
	配偶者(特別)控除 区分	㉑〜㉒	0000
	扶養控除	㉓	0000
	基礎控除	㉔	0000
	合　　　計	㉕	

② 医療費控除

　納税者が，自分又は自分と生計を一にする配偶者その他の親族に係る医療費を支払った場合において，その年中に支払った医療費の金額の合計額に関しての一定額を控除するものです（所法73）。

　ただし，保険金，損害賠償金その他これらに類するものにより補てんされる部分の金額については，除かれます。

(1) 控　除　額

　医療費控除の控除額は，次のとおりです。

$$\left(\begin{array}{c}\text{その年中に支払っ}\\\text{た医療費の総額}\end{array} - \begin{array}{c}\text{保険金等で}\\\text{補てんされる金額}\end{array} \right) - 10\text{万円}^{(*)}$$

$$= \text{医療費控除額（最高200万円）}$$

　＊　総所得金額等が200万円未満の場合は，その5％相当額

第3章　所得控除

(2)　実務上の留意点

①　自己の医療費には限られない

　医療費控除の対象となる医療費は，納税者本人に掛かった医療費に限定されているわけではありません。医療費を支出すべき事由が生じた時又は現実に医療費を支払った時の現況において居住者と生計を一にし，かつ，親族である者に係る医療費も含まれます（所基通73-1）。また，その親族は，配偶者・扶養親族である必要はありません。言うなれば，同じ屋根の下で暮らす親族であれば，まとめて医療費控除を受けることが可能です。

②　現実に支払われた医療費であること

　医療費控除の対象は，「その年中に支払った医療費」ですので，現実に支払われた医療費が対象となります。したがって，未払いとなっている医療費は現実に支払われるまでは控除の対象とはなりません（所基通73-2）。

③　対象となる医療費・対象とならない医療費

　医療費控除で重要なのは，対象となる医療費と対象とならない医療費の区分です。通達に拠れば，次のような医療費が対象となります（所基通73-3）。

【医療費控除の対象となるもの】

①　医師等による診療等を受けるための通院費若しくは医師等の送迎費，入院若しくは入所の対価として支払う部屋代，食事代等の費用又は医療用器具等の購入，賃借若しくは使用のための費用で，通常必要なもの

②　自己の日常最低限の用を足すために供される義手，義足，松葉づえ，補聴器，義歯等の購入のための費用

③　その他，医師等による診療等の費用に相当するもの並びに①及び②の費用に相当するもの

　いわゆる人間ドックその他の健康診断のための費用及び容姿を美化し，又は容ぼうを変えるなどのための費用は，医療費には該当しませんが，人間ドック・健康診断等により重大な疾病が発見され，かつ，その診断に引き続きその疾病の治療をした場合には，その健康診断のための費用も医療費に該当します（所基通73-4）。

　医療費は，病気の治療のために支払われた医療費が対象となりますので，「医薬品」といっても，疾病の予防又は健康増進のために供されるものの購入の対価は，

69

医療費に該当しません（所基通73-5）。

④　補てんされる保険金等

　医療費が多額になったからといって，直ちに医療費控除ができるわけではありません。注意をしておきたいのは，保険金等で補てんされているケースがあることです。

　次に掲げる補てん金額については，支払われた医療費から控除しなければなりません（所基通73-3）。

【補てんの対象となるもの】

①　社会保険等から支給を受ける給付金のうち，療養費・移送費・出産育児一時金・家族療養費・家族移送費・家族出産育児一時金・高額療養費・高額介護合算療養費で，医療費の支出の事由を給付原因として支給を受けるもの

②　損害保険契約又は生命保険契約に基づき医療費の補てんを目的として支払を受ける保険金

③　医療費の補てんを目的として支払を受ける損害賠償金

④　その他任意の互助組織から医療費の補てんを目的として支払を受ける給付金

　一方，次に掲げるものは，医療費を補てんする保険金等には当たりません（所基通73-9）。

【補てんの対象とならないもの】

①　死亡したこと，重度障害の状態となったこと，療養のため労務に服することができなくなったことなどに基因して支払を受ける保険金，損害賠償金等

②　社会保険等から支給を受ける傷病手当金又は出産手当金その他これらに類するもの

③　使用者その他の者から支払を受ける見舞金等

　なお，医療費を補てんする保険金等の額が医療費を支払った年分の確定申告書を提出する時までに確定していない場合には，その保険金等の見込額に基づいて医療費控除を適用させることになりますが，後日，その保険金等の確定額と見込額とが異なることとなったときは，遡及してその医療費控除額を修正申告又は更正の請求

第3章　所得控除

を行って，訂正します（所基通73-10）。

⑤　**医療費の領収書の提出省略と保存義務**

　医療費控除の適用を受ける場合には，従来は，確定申告書に医療費の領収書を添付又は確定申告書を提出する際に掲示することとされていましたが，平成29年度の税制改正により，医療費控除の適用を受ける場合に必要な提出書類の簡略化が図られました。

　平成29年分以後の所得税の確定申告において，医療費控除の適用を受ける場合は，医療費の領収書に基づいて必要事項を記載した「医療費控除の明細書」を確定告書に添付して提出することとされ，従来，提出又は掲示が必要であった医療費の領収書については確定申告期限等から5年間保存することが義務付けられました。

　また，医療保険者が発行するもので次の①から⑥までに掲げる6項目の記載がある「医療費通知」を確定申告書に添付する場合には，「医療費控除の明細書」の記載を簡略化することができ，医療費の領収書の保存も不要となります。

【医療費通知の記載事項】

①　被保険者等の氏名

②　療養を受けた年月

③　療養を受けた者

④　療養を受けた病院，診療所，薬局等の名称

⑤　被保険者等が支払った医療費の額

⑥　保険者等の名称

---

(3)　申告書の記入例

【例】

・支払った医療費……600,000円

・保険金による補填額……300,000円

【記入例】

医療費控除の適用を受ける場合には、「医療費控除の明細書」の作成が必要です。

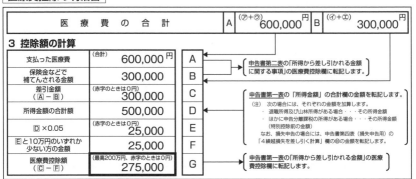

第3章 所得控除

ATTENTION!
医療費が10万円以下でも医療費控除の適用ができる可能性がある

医療費控除については,「10万円を超えなければ受けられない」と理解されている納税者が多くいますが,医療費控除については,総所得金額が200万円未満の場合には,総所得金額の5％相当額を超えた金額で医療費控除の適用ができるので,医療費が10万円を超えていなくても適用が可能なケースがあります。そのため,10万円を超えないことが明白であっても医療費控除の適用を検討する必要があります。

3 セルフメディケーション税制（特定一般用医薬品等購入費を支払った場合の医療費控除の特例）の取扱い

医療費控除については,「セルフメディケーション税制（特定一般用医薬品等購入費を支払った場合の医療費控除の特例）」があります。

居住者が平成29年1月1日から令和3年12月31日までの間に自己又は自己と生計を一にする配偶者その他の親族に係る特定一般用医薬品等購入費を支払った場合において当該居住者がその年中に健康の保持増進及び疾病の予防への取組として,一定の取組（健康診査・予防接種・定期健康診断・特定健康診査・特定保健指導・がん検診等）を行っているときに支出した医療費について,先に述べた医療費控除との選択適用により,セルフメディケーション税制（特定一般用医薬品等購入費を支払った場合の医療費控除の特例）を受けることができます。

これは,医療費控除の特例として位置づけられます。

73

(1) 控 除 額

その年中に支払った特定一般用医薬品等購入費の金額の合計 − 保険金等で補填される金額 ） − 12,000円

= セルフメディケーション税制に係る医療費控除額(*)

＊ 最高88,000円までとなります。

(2) 適用を受けるための必要書類

　セルフメディケーション税制の適用を受ける場合には，確定申告書に加えて，「セルフメディケーション税制の明細書」の添付と，「その年分に一定の取組を行ったことを明らかにする書類」の添付又は掲示が必要です（所令262，措法41の17の2，措令26の27の2，措規19の10の2）。

　「その年分に一定の取組を行ったことを明らかにする書類」としては，例えば次のようなものが挙げられます。

【その年分に一定の取組を行ったことを明らかにする書類の例】
・インフルエンザの予防接種又は定期予防接種（高齢者の肺炎球菌感染症等）の領収書又は予防接種済証
・市区町村のがん検診の領収書又は結果通知表
・職場で受けた定期健康診断の結果通知表
・特定健康診査の領収書又は結果通知表
・人間ドックやがん検診をはじめとする各種健診（検診）の領収書又は結果通知表

(3) 実務上の留意点

① 対象となる一定の医薬品（一定のスイッチOTC医薬品）

　この医療費控除の特例の対象となるのは，特定一般用医薬品等購入費です。要指導医薬品及び一般用医薬品のうち，医療用から転用された「一定のスイッチOTC医薬品」の購入費が対象となります。

具体的には，かぜ薬，胃腸薬といった薬局やドラッグストアで通常販売されている医薬品のうち，一定の医薬品が対象となります。

② 通常の医療費控除とは選択適用

セルフメディケーション税制は，医療費控除の特例で，通常の医療費控除との選択適用となり，併用して適用を受けることはできません。

加えて，一旦いずれかを選択適用して確定申告をした場合，それを更正の請求や修正申告において選択を変更することはできません。

③ 適用対象となる「一定の取組」

セルフメディケーション税制の適用対象となる「一定の取組」とは，次のようなものが該当します。

【セルフメディケーション税資の対象となる「一定の取組」】

① 健康保険組合等の保険者が実施する健康診査

② 市区町村が健康増進事業として行う健康診査

③ 定期接種・インフルエンザの予防接種

④ 勤務先で実施する定期健康診断

⑤ 特定健康診査（いわゆるメタボ検診），特定保健指導

⑥ 市町村が健康増進事業として実施するがん検診

なお，確定申告をする本人が一定の取組を行っていることが要件とされているので，確定申告をする本人が取組を行っていない場合は，控除を受けることはできません。

④ 特定一般用医薬品等購入費の範囲

セルフメディケーション税制の対象となる商品には，領収書に★印等でセルフメディケーション税制の対象となる商品であることが示されていますので，購入時の領収書等で確認をします。

なお，一部の対象医薬品については，その医薬品のパッケージにセルフメディケーション税制の対象である旨を示す識別マークが掲載されているので，それで確認することもできます。

Attention!

医療費の領収書はチェックするほうがベター

　医療費控除の注意点として，医療費控除の対象とはならない領収書が紛れていることがあるということです。「病院に支払った費用＝医療費」と理解している納税者が多いので，必ず領収書のチェックが必要です。例えば，健康診断・人間ドックといった健康維持管理のための領収書が紛れ込んでいないか，チェックが必要です。

　健康保険組合等から送付されてくる「医療費等通知書」でも確認することはできますが，記載されている診療年月が年の途中までであることと，これに記載されている金額と実際に負担した金額が異なっている場合がありますので，実務的には，実際に支払われた際の領収書等で確認するのがベターです。特に，歯科治療に関しては自由診療分の記載がないので，必ず領収書での確認が必要となります。

4　社会保険料控除

　居住者が，各年において，自己又は自己と生計を一にする配偶者その他の親族の負担すべき社会保険料を支払った場合又は給与から控除される場合には，その支払った金額又はその控除される金額を控除するものです（所法74）。

(1) 控除額

　社会保険料控除の金額は，次のとおりです。

| その年において支払った社会保険料等 | ＋ | 給与等から控除された社会保険料等 | ＝ | 社会保険料控除 |

(2) 実務上の留意点

① 実際に支払った社会保険料等が対象

　社会保険料控除については，実際に支払われた社会保険料が対象となります（所基通74，75-1）。

第3章　所得控除

　納付期日が到来した社会保険料等であっても，現実に支払っていないものは含まれません。

②　前納した社会保険料等の取扱い

　前納した社会保険料等については，次の算式により計算した金額はその年において支払った金額とします。

$$前納した社会保険料等の金額の総額^{(*)} \times \frac{前納した社会保険料等に係るその年中に到来する納付期日の回数}{前納した社会保険料等に係る納付期日の総回数}$$

　＊　前納することにより支払う社会保険料等が割引された場合には，割引後の金額で計算します。

　なお，前納した社会保険料等のうちその前納の期間が1年以内のものである場合及び一定期間の社会保険料等を前納することができる場合で，前納したものについては，その前納をした者がその前納した社会保険料等の全額をその支払った年の社会保険料等として確定申告書に記載した場合には，その全額がその年において支払った社会保険料等の金額として認められます（所基通74，75-2）。

　なお，この前納した社会保険料等の特例を適用せずに確定申告書を提出した場合には，その後において更正の請求をするときにおいても，この特例を適用することはできません。

③　生計を一にする配偶者・親族の社会保険料の取扱い

　社会保険料控除については，自己又は自己と生計を一にする配偶者・親族の負担すべき社会保険料を支払った場合は，支払った者がその金額を社会保険料控除として控除します（所法74①）。

　例えば，夫が妻の社会保険料（普通徴収）を支払った場合には，夫がその支払った社会保険料額について社会保険料控除を受けます。

　注意をしておきたいのは，妻の公的年金から特別徴収された保険料についてです。妻の公的年金から特別徴収された保険料については，妻が負担すべきものとして，支払った社会保険料ですので，夫の社会保険料控除の対象とすることはできません。

77

(3) 申告書の記入例

【例】

・支払った国民年金……196,080円

・支払った国民健康保険……120,000円

・支払った介護保険……12,000円

【記入例】

　給与所得者で年末調整を経ている場合には，源泉徴収票から転記します（下）。この場合には，【社会保険の種類欄】に，「源泉徴収票の通り」と記載します。

第二表

○ 所得から差し引かれる金額に関する事項

⑩雑損控除	損害の原因		損害年月日	損害を受けた資産の種類など	
			・　・		
	損害金額	円	保険金などで補填される金額 円	差引損失額のうち災害関連支出の金額	円
⑪医療費控除	支払医療費等		円	保険金などで補填される金額	円
⑫社会保険料控除	社会保険の種類	支払保険料	⑬小規模企業共済等掛金控除	掛金の種類	支払掛金
	国民年金	196,080 円			円
	国民健康保険	120,000			
	介護保険	12,000			
	合　計	328,080		合　計	
⑭生命保険料控除	新生命保険料の計	円	旧生命保険料の計		
	新個人年金保険料の計		旧個人年金保険料の計		
	介護医療保険料の計				
⑮地震保険料控除	地震保険料の計	円	旧長期損害保険料の計		

第一表

所得から差し引かれる金額	雑　損　控　除	⑩		
	医療費控除 区分	⑪		
	社会保険料控除	⑫		328080
	小規模企業共済等掛金控除	⑬		
	生命保険料控除	⑭		
	地震保険料控除	⑮		
	寄　附　金　控　除	⑯		
	寡婦、寡夫控除	⑱		0000
	勤労学生、障害者控除	⑲～⑳		0000
	配偶者(特別)控除 区分	㉑～㉒		0000
	扶　養　控　除	㉓		0000
	基　礎　控　除	㉔		0000
	合　　　　計	㉕		

（年末調整を経ている場合）

○ 所得から差し引かれる金額に関する事項

⑩雑損控除	損害の原因		損害年月日	損害を受けた資産の種類など	
			・　・		
	損害金額	円	保険金などで補填される金額 円	差引損失額のうち災害関連支出の金額	円
⑪医療費控除	支払医療費等		円	保険金などで補填される金額	円
⑫社会保険料控除	社会保険の種類	支払保険料	⑬小規模企業共済等掛金控除	掛金の種類	支払掛金
	源泉徴収票通り	1,123,878 円			円
	合　計	1,123,878		合　計	
⑭生命保険料控除	新生命保険料の計	円	旧生命保険料の計		
	新個人年金保険料の計		旧個人年金保険料の計		
	介護医療保険料の計				
⑮地震保険料控除	地震保険料の計	円	旧長期損害保険料の計		

第3章　所得控除

ATTENTION!

国民健康保険料の勘違い？

国民健康保険料については，「国民健康保険税」という名称で徴収されています。「税」と称されていることから，事業所得・不動産所得の必要経費に紛れ込んで計上されているケースがあります。

国民健康保険料については，社会保険料控除として記載します。また，事業所得・不動産所得の元帳等に，国民健康保険料が必要経費に含まれていないかどうかは必ずチェックする必要があります。

5　小規模企業共済等掛金控除

居住者が，各年において，小規模企業共済等掛金を支払った場合には，その支払った金額を控除するものです（所法75）。

(1) 控除額

小規模企業共済等掛金控除額は，次のとおりです。

その年に支払った小規模企業共済等掛金の金額　＝　小規模企業共済等掛金控除額

---

(2) 実務上の留意点

① 小規模企業共済の有効性

小規模企業共済とは，個人事業主を対象とした積み立てによる退職金制度です。掛金は全額を所得控除でき，所得金額の計算上，結果として必要経費と同じなので，高い節税効果を得ることができます。また，社会保険等の保障が少ない個人事業者にとってはメリットがあるといえます。

② 個人年金プラン・401k

小規模企業共済掛金等控除の対象として，確定拠出年金法に基づく個人型年金の掛金も対象となっています（所法75）。「個人型401k」「日本型401kプラン」といっ

た商品名のものが対象となりますので，証明書の確認が必要となります。

③ **心身障害者扶養共済**

　心身障害者を扶養する保護者に万一のこと（死亡・重度障害）があったとき，残された心身障害者の生活の安定と福祉の増進に資するとともに，心身障害者の将来に対して保護者の方が抱く不安の軽減を図ることを目的とした「心身障害者扶養共済制度」があり，この制度に係る掛金も対象となります。

(3) 申告書の記入例

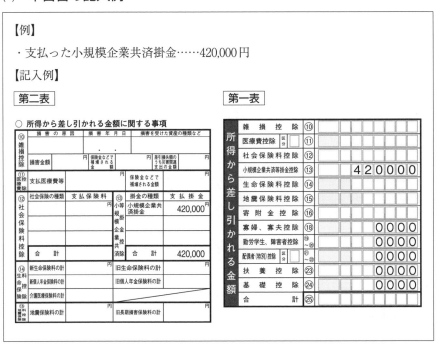

6　生命保険料控除

　居住者が，各年において，生命保険契約・介護医療保険契約・個人年金保険契約に係る保険料若しくは掛金を支払った場合に，一定金額を控除するものです（所法76）。

(1) 控 除 額

生命保険料控除については，(1) 新生命保険（新契約に係る一般生命保険料控除・介護医療保険料控除・個人年金保険料控除）のみ，(2) 旧生命保険（従来の一般生命保険料控除・個人年金保険料控除）のみ，(3) 新生命保険と旧生命保険の両方，の3パターンがあり，それぞれに合わせて計算をしていきます。これらを合わせた合計適用限度額は12万円です。

控除額については，次のようになります。

① 新生命保険控除（平成24年1月1日以後に締結した保険契約等に係る控除）

支払った保険料の金額	控除額
20,000円以下	支払った保険料の金額
20,000円超40,000円以下	支払った保険料の金額×1/2＋10,000円
40,000円超80,000円以下	支払った保険料の金額×1/4＋20,000円
80,000円超	一律40,000円

適用限度額は40,000円です。

② 旧生命保険控除（平成23年12月31日以前に締結した保険契約等に係る控除）

支払った保険料の金額	控除額
25,000円以下	支払った保険料の金額
25,000円超50,000円以下	支払った保険料の金額×1/2＋12,500円
50,000円超100,000円以下	支払った保険料の金額×1/4＋25,000円
100,000円超	一律50,000円

適用限度額は50,000円です。

③ 新生命保険と旧生命保険の両方

新生命保険契約について上記①の計算式で計算した額と，旧生命保険契約について上記②で計算した額をそれぞれ算出し，合算します。

適用限度額は，120,000円となります。

(2)　実務上の留意点

①　保険料の区別

　生命保険会社から発行される証明書に基づいて，「新生命保険料」「旧生命保険料」「介護医療保険料」の区別が必要です。

　平成23年12月31日以前に締結されているか否かで，新生命保険か旧生命保険かに区分されます。実務では，生命保険会社から発行される証明書に，明確に「新生命保険料」「旧生命保険料」「介護医療保険料」と記述されているので，それに従うことになります。

②　支払者の問題

　保険料控除証明書の名義人が，確定申告をするものと異なっている場合があります。例えば，「保険契約者，被保険者及び満期保険金受取人が夫で，死亡保険金受取人を妻とする生命保険契約で，実際の保険料は妻が支払っている」といったケースです。

　保険料控除の適用を受けられるのは，実際に保険料を負担した者ですので，先のケースですと，保険料の負担者である妻が生命保険料控除の適用を受けることになります。

(3)　申告書の記入例

> 【例】
>
> ・支払った新生命保険料……60,000円　⇒控除対象金額35,000円（A）
>
> ・支払った新個人年金保険料……12,000円　⇒控除対象金額12,000円（B）
>
> ・支払った介護保険料……50,000円　⇒控除対象金額32,500円（C）
>
> ・支払った旧生命保険料……60,000円　⇒控除対象金額40,000円（D）
>
> ・支払った旧個人年金保険料……12,000円　⇒控除対象金額12,000円（E）

【記入例】

第二表

○ 所得から差し引かれる金額に関する事項

⑩雑損控除	損害の原因	損害年月日	損害を受けた資産の種類など		
		・　・			
	損害金額	円	保険金などで補填される金額	円	差引損失額のうち災害関連支出の金額	円
⑪控医療費等	支払医療費等	円	保険金などで補填される金額	円

⑫社会保険料控除	社会保険の種類	支払保険料	⑬小規模企業共済等	掛金の種類	支払掛金
		円	小規模企業共済掛金		円
	合　計			合　計	

⑭生命保険料控除	新生命保険料の計	60,000円	旧生命保険料の計	60,000円
	新個人年金保険料の計	12,000	旧個人年金保険料の計	12,000
	介護医療保険料の計	50,000		
⑮地震保険料控除	地震保険料の計	円	旧長期損害保険料の計	円

第一表

所得から差し引かれる金額	雑　損　控　除	⑩							
	医療費控除 区分	⑪							
	社会保険料控除	⑫							
	小規模企業共済等掛金控除	⑬							
	生命保険料控除	⑭			9	6	5	0	0
	地震保険料控除	⑮							
	寄附金控除	⑯							
	寡婦、寡夫控除	⑱				0	0	0	0
	勤労学生、障害者控除	⑲～⑳				0	0	0	0
	配偶者(特別)控除 区分	㉑～㉒				0	0	0	0
	扶　養　控　除	㉓				0	0	0	0
	基　礎　控　除	㉔				0	0	0	0
	合　　　計	㉕							

【生命保険料控除額の計算】

・A＋D＝70,000円＞40,000（F）

【個人年金保険料の計算】

・B＋E＝24,000円（G）

【生命保険料控除額】

・C＋F＋G＝96,500円

7　地震保険料控除

　居住者が，損害保険契約に基づき，地震等損害部分の保険料を支払った場合に，一定の金額を控除するものです（所法77）。

　また，平成18年12月31日までに締結した一定の長期損害保険契約等に係る損害保険料を支払った場合にも，一定金額が控除されます。

(1) 控　除　額

区分	支払った保険料の金額	控除額
①地震等損害保険契約	50,000円以下	支払った保険料の金額
	50,000円超	50,000円
②長期損害保険契約	10,000円以下	支払った保険料の金額
	10,000円超20,000円以下	支払った保険料の金額×1/2＋5,000円
	20,000円超	15,000円
①，②の両方がある場合	①，②それぞれ計算した金額の合計額（最高限度額50,000円）	

(2)　実務上の留意点

①　「地震保険契約」「長期損害保険契約」の区別

　先の生命保険料控除と同様に，損害保険会社から発行される証明書に基づいて，「地震保険契約」「長期損害保険契約」の区別が必要です。

　なお，保険会社から発行される証明書で，「損害保険」とタイトルが付されていながらも，生命保険料控除の対象である旨が記載されているケースがあります。保険会社が発行した証明書について，確認することが重要です。

②　地震保険契約の対象が「居住の用に供するもの」であること

　地震保険契約の対象となるのは，「居住の用に供するもの」についての契約です。別荘等の居住の用に供されていないものについては適用対象とはなりません（所法77）。

③　対象が居住用資産と事業用資産の場合

　実務上，特に個人事業者の場合，地震保険契約の対象として「居住用資産」と「事業用資産」とが一括して契約されているケースがあります。

　このような場合，その契約に基づいて支払った地震保険料のうち居住用資産に係るものだけが控除の対象となります。仮に，保険等の目的とされた資産ごとの地震保険料が保険証券等に明確に区分表示されていないときは，次の算式に基づいて計算した金額を居住用資産に係る地震保険料の金額とします（所基通77-5）。

　〔居住の用と事業等の用とに併用する資産が保険等の目的とされた資産に含まれていない場合〕

第3章 所得控除

$$\text{その契約に基づいて支払った} \atop \text{地震保険料の金額} \times \frac{\text{居住用資産に係る保険金額又は共済金額}}{\text{その契約に基づく保険金額又は共済金額の総額}}$$

〔居住の用と事業等の用とに併用する資産が保険等の目的とされた資産に含まれている場合〕

$$\begin{pmatrix} \text{居住用資産に} \\ \text{つき上記の算} \\ \text{式により計算} \\ \text{した金額} \end{pmatrix} + \begin{pmatrix} \text{支払った地震} \\ \text{保険料の金額} \times \frac{\text{居住の用と事業等の用} \atop \text{とに併用する資産に係} \atop \text{る保険金額・共済金額}}{\text{その契約に基づく保険} \atop \text{金額・共済金額の総額}} \times \begin{pmatrix} \text{その資産を居} \\ \text{住の用に供し} \\ \text{ている割合} \end{pmatrix} \end{pmatrix}$$

上記に示した計算式は，地震保険料控除の対象となるものとならないものが含まれている場合に按分する計算式です。

具体例では，次のようになります。

【具体例】

イ　全体の保険金額：40,000円（A）

ロ　保険の内容

・店舗併用住宅（店舗用部分：50㎡（B）　居住用部分：200㎡（C））

　⇒保険金額：2,000万円（D）

・生活用家財

　⇒保険金額：500万円（E）

・事業用資産

　⇒保険金額：1,000万円（F）

【計算】

$$\underset{(A)}{40,000円} \times \frac{\underset{(E)}{500万円}}{\underset{(D+E+F)}{3,500万円}} + \underset{(A)}{40,000円} \times \frac{\underset{(D)}{2,000万円}}{\underset{(D+E+F)}{3,500万円}} \times \frac{\underset{(C)}{200㎡}}{\underset{(B+C)}{250㎡}} = 23,959円$$

なお，店舗併用住宅のように居住の用に供している部分が一定しているものについては，次の簡易な算式により算出された割合を，居住の用に供している割合とすることも認められます。

85

【簡易な計算式】

（居住の用に供している部分の床面積）÷（その家屋の総床面積）

　また，保険等の目的とされている家屋を，店舗併用住宅のように居住の用と事業等の用とに併用している場合，その家屋の全体のおおむね90％以上を居住の用に供しているときは，その家屋について支払った地震保険料の全額を居住用資産に係る地震保険料の金額とすることも認められます（所基通77-6）。

(3)　申告書の記入例

【例】

・支払った地震保険料……50,000円　⇒控除対象額50,000円（A）

・支払った旧長期損害保険料……12,000円　⇒控除対象額11,000円（B）

【記入例】

第二表

○ 所得から差し引かれる金額に関する事項

⑩雑損控除	損害の原因		損害年月日	損害を受けた資産の種類など	
			・　・		
	損害金額	円	保険金などで補塡される金額	円	差引損失額のうち災害関連支出の金額 円
⑪医療費控除	支払医療費等		円	保険金などで補塡される金額	円
⑫社会保険料控除	社会保険の種類	支払保険料	⑬小規模企業共済等掛金控除	掛金の種類	支払掛金
		円		小規模企業共済掛金	円
	合　計			合　計	
⑭生命保険料控除	新生命保険料の計	円		旧生命保険料の計	円
	新個人年金保険料の計			旧個人年金保険料の計	
	介護医療保険料の計				
⑮地震保険料控除	地震保険料の計	50,000	円	旧長期損害保険料の計	12,000

第一表

所得から差し引かれる金額	雑損控除	⑩							
	医療費控除 区分	⑪							
	社会保険料控除	⑫							
	小規模企業共済等掛金控除	⑬							
	生命保険料控除	⑭							
	地震保険料控除	⑮				5	0	0	0	0
	寄附金控除	⑯							
	寡婦、寡夫控除	⑱				0	0	0	0
	勤労学生、障害者控除	⑲～⑳				0	0	0	0
	配偶者(特別)控除 区分	㉑～㉒				0	0	0	0
	扶養控除	㉓				0	0	0	0
	基礎控除	㉔				0	0	0	0
	合　　計	㉕							

【地震保険料控除額】

・A＋B＝61,000円＞50,000円

第3章　所得控除

ATTENTION!

よく失くしがち？　保険料控除証明書

　生命保険料控除・地震保険料控除の計算の基となる控除証明書は，毎年，秋頃に保険会社から送付されてきます。その時期が確定申告期とやや離れていることから，いざ確定申告期になって紛失してしまっている納税者がいます。ですので，秋頃には「そろそろ送付されてきますから，保管しておいてください」と一声かけるようにすることも事前準備のひとつといえるかもしれません。

　なお，平成30年分以後の所得税確定申告では，保険会社から電磁的方法により交付を受けた「電子的控除証明書」を一定の方法により印刷した「QRコード付控除証明書」による提出も認められるようになりました。

8　寄附金控除

　居住者が，各年において，特定寄附金を支出した場合において，一定金額を超える金額を所得から控除するものです（所法78）。

(1)　控除額

寄附金の額　－　2,000円　＝　寄附金控除額

(2)　実務上の留意点

①　特定寄附金の範囲

　寄附金控除について重要なのは，寄附先が寄附金控除の対象であるか否か，の点です。寄附金控除の対象となる寄附金を「特定寄附金」といいます。

　特定寄附金の範囲は，次のとおりです。併せて，申告の際に必要となる添付書類も整理しておきます。

特定寄附金の範囲	申告の際の添付書類
国又は地方公共団体に対する寄附金（所法78②一）	領収書（所規47の2③一イ）
公益社団法人，公益財団法人等に対する寄附金で財務大臣が指定したもの（所法78②二）	
独立行政法人（所令217一）	
自動車安全運転センター（所令217二）	
日本司法支援センター（所令217二）	
日本私立学校振興・共済事業団（所令217二）	
日本赤十字社（所令217二）	
公益社団法人及び公益財団法人（所令217三）	
社会福祉法人（所令217五）	
更生保護法人（所令217六）	
病院事業の経営等，特定の目的のための地方独立行政法人（所令217一の二）	領収書・特定公益増進法人の証明書の写し（所規47の2③一イ・ロ・ハ）
科学技術の研究などを行う特定の公益法人（旧所令217①三）	
一定の私立学校法人（所令217四）	
特定の公益信託について，その目的が特定公益増進法人の主たる目的と同様のものの信託財産としての支出（所法78③，所令217の2）	領収書・特定公益信託の認定書の写し（所規47の2③二）
政党，政治資金団体等に対する政治活動に関する寄附金	総務大臣又は選挙管理委員会等の確認印のある「寄附金（税額）控除のための書類（措規19の10の2）
一定のNPO法人	計算明細書及び領収書（措規19の10の3）
特定新規中小企業者に該当する一定の株式会社により発行される株式を，発行の際に，払込みにより取得した場合の株式の取得に要した金額	特定新規株式の取得に要した金額の計算に関する明細書（措令26の28の3⑨）

　これらを寄附先とする寄附金が「特定寄附金」に該当し，寄附金控除が受けられます。「町会への寄付」や「母校のOB・OG会への寄付」といったものは対象となりません。

② 支出した場合の意義

　寄附金控除については，現実に支払った金額が対象となります（所基通78-1）。

③ 添付書類の留意点

　寄附金控除については，原則として領収書の添付が必要となります。寄附金控除の対象となる領収書には，例えば「この寄附金は所得税法78条に該当する寄附金です」といった寄附金控除の対象となる旨が記載されているので，実務上は，その記載の有無によって寄附金控除の対象であるか否かを判断することが有効です。

④ ふるさと納税

　ふるさと納税は，都道府県・市区町村に対して寄附をすると，その寄附金額のうち2,000円を超える部分について，一定の上限まで，原則として所得税・個人住民税が全額控除されるものです（地法37の2，地法314の7）。

控除外	控除額		
適用下限額 2,000円	所得税の控除額 （ふるさと納税額－2,000円）×所得税率	住民税の控除額（基本分） （ふるさと納税額－2,000円）×住民税率(10%)	住民税の控除額（特例分）【所得割額の2割を限度とする】

　上記の表のように，「ふるさと納税」として寄附した金額のうちの「2,000円」を超えた部分について，所得税と住民税が減額される仕組みです。

　住民税の控除額については，住民税の納税金額が減額されますので，実際に住所地の地方団体から金銭が還付されることはありません。

　この制度を受ける場合には，現行においては，確定申告をする必要があります（地法45の2，地法317の2）。確定申告の際には，ふるさと納税先である都道府県・市区町村から発行される「受領書」や「証明書」を添付する必要があります。

(3) 申告書の記入例

【例】
・寄附金として支出した金額……100,000円

【申告書への記入例】

[第二表・第一表の記入例の図。第二表の寄附先の所在地・名称欄に「○○大学」、寄附金欄に「100,000」と記入。第一表の寄附金控除(⑯)欄に「98000」と記入。]

Attention!

確定申告が不要となる「ふるさと納税のワンストップサービス特例」

　確定申告をする内容がふるさと納税のみである給与所得者については，ふるさと納税としての寄附先が5団体以内であれば，これらの寄附先に申請することにより確定申告をせずともふるさと納税の寄附金控除を受けることが可能です（地法314の7）。

9 寡婦（寡夫）控除

　寡婦（寡夫）とは，配偶者と死別・離婚した後再婚していない方や配偶者が生死不明などの者をいいます（所法2三十・三十一）。

寡婦（寡夫）控除とは，居住者が，下記の表に示した要件に合う寡婦又は寡夫である場合に，一定の金額を控除するものです（所法81）。

(1) 控 除 額

区分		要件	控除額
寡婦	①	夫と死別・離婚した後再婚していない方や夫が生死不明などの者で，扶養親族や総所得金額等が38万円以下の生計を一にする子のある者	270,000円
	②	上記①に該当する者で，扶養親族である子があり，かつ，合計所得金額が500万円以下の者	350,000円
	③	夫と死別した後再婚していない者や，夫が生死不明などの者で，合計所得金額が500万円以下の者	270,000円
寡夫		妻と死別・離婚した後再婚していない者や，妻が生死不明などの者で，合計所得金額が500万円以下であり，かつ，総所得金額等が38万円以下の生計を一にする子のある者	270,000円

「寡婦」についての判断の場合，①〜③のいずれに該当するかを判断する必要があります。

(2) 実務上の留意点

① 配偶者控除を受ける場合の寡婦（寡夫）控除

年の中途において夫又は妻と死別した妻又は夫で，その年において寡婦又は寡夫に該当する場合で，同時に，死別した夫又は妻について配偶者控除の適用を受けられるのであれば，配偶者控除と併せて，寡婦（寡夫）控除の適用を受けることができます（所基通81-1）。

② 未婚での出産の場合には「寡婦」とはならない

寡婦（寡夫）控除の適用要件として，「夫と死別・離婚した後再婚していない方や夫が生死不明などの者」が定められています。そのため，例えば，未婚で子を出産し，その子を扶養親族とした場合には，寡婦には該当しません。

(3) 申告書の記入例

【例】

・夫との死別により寡婦に該当する。

【申告書への記入例】

寡婦に該当することとその事由をチェックマークで示します。

第二表

○ **所得から差し引かれる金額に関する事項**

⑩寄附金控除	寄附先の所在地・名称			寄 附 金	円
⑱～⑲手続控除等	☑寡婦（寡夫）控除		☑死 別　□生死不明　□離 婚　□未 帰 還	□勤労学生控除（学校名 　　　　　　）	
⑳雑損控除	氏　名				

㉑～㉒配偶者（特別）控除	配偶者の氏名		生 年 月 日	□配偶者控除 □配偶者特別控除
			明・大 昭・平　　・　　・	
	個人番号			国外居住

㉓扶養控除	控除対象扶養親族の氏名	続柄	生 年 月 日	控 除 額
			明・大 昭・平	万円
	個人番号			国外居住
			明・大 昭・平	万円
	個人番号			国外居住
			明・大 昭・平	万円
	個人番号			国外居住
			㉓扶養控除額の合計	万円

第一表

所得から差し引かれる金額	雑 損 控 除	⑩							
	医療費控除 区分	⑪							
	社会保険料控除	⑫							
	小規模企業共済等掛金控除	⑬							
	生命保険料控除	⑭							
	地震保険料控除	⑮							
	寄 附 金 控 除	⑯							
	寡婦、寡夫控除	⑱			2	7	0	0	0	0
	勤労学生、障害者控除	⑲ ～⑳					0	0	0	0
	配偶者(特別)控除 区分	㉑ ～㉒					0	0	0	0
	扶 養 控 除	㉓					0	0	0	0
	基 礎 控 除	㉔					0	0	0	0
	合　　　計	㉕							

10　勤労学生控除

　勤労学生とは，自己の勤労に基づいて給与等の収入があり，学校教育法に基づく学校等に通学している者です（所法2三十二）。

　勤労学生控除とは，居住者が勤労学生である場合に，一定の金額を控除するものです（所法82）。

(1) 控 除 額

27万円 　＝　 勤労学生控除

　勤労学生控除は，本人についてのみ適用され，控除額は27万円のみです。

第3章　所得控除

(2)　実務上の留意点

①　勤労学生の要件

　勤労学生は，次に掲げる①～④のすべての要件を満たす者が該当します（所法2
①三十三）。

【勤労学生の要件】

①　学校教育法に規定する学校の学生，生徒であること。

②　給与所得等（自己の勤労に基づいて得た事業所得・給与所得・退職所得・
　　雑所得）を有すること。

③　合計所得金額が65万円以下であること。

④　合計所得金額のうち，給与所得等以外の所得に係る部分の金額が10万円以
　　下であること。

---

②　添付する証明書

　勤労学生控除を受ける際に必要となる証明書としては，学校教育法に規定する学
校（小学校，中学校，高等学校，大学，高等専門学校など）以外の生徒が適用を受
ける場合に一定の証明書を添付又は提示する必要が生じます（所令262④，所規47
の2⑦）。

(3)　申告書の記入例

【例】

・会社に勤めるかたわら，△△大学に通学している。

【申告書への記入例】

勤労学生に該当することをチェックマークで示し，通学している学校名を記載します。

第二表

○ 所得から差し引かれる金額に関する事項

⑯寄控附除金額	寄 附 先 の所在地・名称		寄 附 金		円
本人該当事項⑱・⑲	□ 寡婦（寡夫）控除 （□ 死別　□ 生死不明） （□ 離婚　□ 未帰還）		☑ 勤労学生控除 学校名 （ 学校法人　△△大学 ）		
⑳控害者除	氏　名				
㉑・㉒配偶者特別控除配偶者控除	配 偶 者 の 氏 名		生 年 月 日 明・大 昭・平　　．　　．	□ 配偶者控除 □ 配偶者特別控除	
	個人番号			国外居住	

	控除対象扶養親族の氏名	続柄	生 年 月 日	控 除 額
㉓ 扶 養 控 除			明・大 昭・平　．　．	万円
	個人番号			国外居住
			明・大 昭・平　．　．	万円
	個人番号			国外居住
			明・大 昭・平　．　．	万円
	個人番号			国外居住
	㉓ 扶養控除額の合計			万円

第一表

所得から差し引かれる金額	雑　損　控　除	⑩									
	医療費控除 区分	⑪									
	社会保険料控除	⑫									
	小規模企業共済等掛金控除	⑬									
	生命保険料控除	⑭									
	地震保険料控除	⑮									
	寄附金控除	⑯									
	寡婦、寡夫控除	⑱					0	0	0	0	
	勤労学生、障害者控除	⑲~⑳				2	7	0	0	0	0
	配偶者(特別)控除 区分	㉑~㉒					0	0	0	0	
	扶　養　控　除	㉓					0	0	0	0	
	基　礎　控　除	㉔					0	0	0	0	
	合　　　　計	㉕									

11　障害者控除

障害者控除とは，居住者が障害者である場合に，一定の金額を控除するものです（所法79）。

障害者とは，その年の12月31日（年の途中で死亡した場合には，その死亡の日）の現況において，次のいずれかに該当する者が該当します（所法2①二十八）。

【障害者の要件】

・身体障害者手帳や戦傷病者手帳，精神障害者保険福祉手帳の発行を受けている者

・精神保健指定医などにより知的障害者と判定された者

・65歳以上の者で，障害の程度が障害者に準ずるものとして市町村等の認定を受けている者

第3章　所得控除

(1)　控　除　額

区分	控除額
障害者	270,000円
特別障害者	400,000円
同居特別障害者	750,000円

(2)　実務上の留意点

①　障害者手帳等による確認が必要

障害者に該当する者として，次のように定められています。

【障害者に該当する者】

①　精神上の障害により事理を弁識する能力を欠く常況にある者

②　精神保健指定医の判定により知的障害者とされた者

③　精神障害者保健福祉手帳の交付を受けている者

④　身体障害者手帳に身体上の障害がある者として記載されている者

⑤　戦傷病者手帳の交付を受けている者

⑥　原子爆弾被爆者で，厚生労働大臣の認定を受けている者

⑦　常に就床を要し，複雑な介護を要する者

⑧　精神又は身体に障害のある年齢65歳以上の者で，その障害の程度が①②又は④に準ずるものとして市町村長等の認定を受けている者

障害者に該当するか否かの判定については，身体障害者手帳や療育手帳等，業界者に該当する旨とその等級が示された書面でもって確認をします。これらの手帳の交付を受けていることが要件となっています（所令10）ので，これらの交付がない場合には，障害者控除の適用を受けることはできません。

なお，精神障害者保健福祉手帳に，障害の等級が1級と記載されている者は，「特別障害者」に該当し，障害の等級が2級と記載されている者は「障害者」に該当します（所令10②二）。

95

② 介護保険の「要介護」と所得税の「障害者控除」

介護保険の要介護状態と所得税の障害者とはイコールではありません。

介護保険における要介護状態とは，身体又は精神の障害のために，入浴，排せつ，食事等日常生活での基本的な動作について，6カ月にわたり継続して常時介護を要すると見込まれる状態をいいます。介護保険の要介護状態であるか否かの認定についても，福祉事務所長等の認定を受けることに決まりますが，これは介護保険法に基づく要介護認定であって，所得税での障害者認定については，別途，市町村等の認定が必要となります。

介護保険の要介護認定を受けたことをもって，直ちに所得税法上の障害者に該当するわけではありません（所令10①七，介護保険法7）。

(3) 申告書の記入例

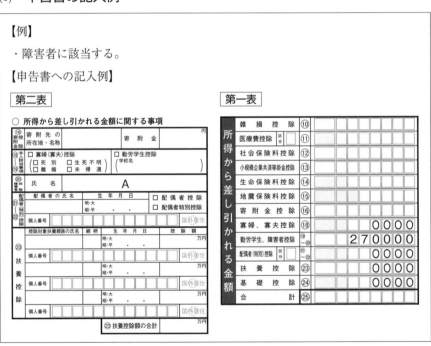

第3章　所得控除

12　配偶者控除

　居住者が控除対象配偶者を有する場合に，一定の金額を控除するものです（所法83）。

　控除対象配偶者とは，居住者の配偶者でその居住者と生計を一にするもののうち，合計所得金額が38万円以下である者をいいます（所法2①三十三）。

　配偶者控除額は，次のようになっています。

居住者の合計所得金額	控除額	
	控除対象配偶者	老人控除対象配偶者(*)
900万円以下	38万円	48万円
900万円超　　　950万円以下	26万円	32万円
950万円超　　1,000万円以下	13万円	16万円

　　＊　控除対象配偶者のうち，年齢が70歳以上の者が該当します。

13　配偶者特別控除

　居住者が生計を一にする配偶者（合計所得金額が123万円以下，令和2年以降は133万円以下）で控除対象配偶者に該当しないものを有する場合に，一定の金額を控除するものです（所法83の2）。

　配偶者特別控除の控除額は，次のようになっています。

		居住者本人の合計所得金額		
		900万円以下	900万円超 950万円以下	950万円超 1,000万円以下
配偶者の所得金額	38万円 超 85万円 以下	38万円	26万円	13万円
	85万円 超 90万円 以下	36万円	24万円	12万円
	90万円 超 95万円 以下	31万円	21万円	11万円
	95万円 超 100万円 以下	26万円	18万円	9万円
	100万円 超 105万円 以下	21万円	14万円	7万円
	105万円 超 110万円 以下	16万円	11万円	6万円
	110万円 超 115万円 以下	11万円	8万円	4万円
	115万円 超 120万円 以下	6万円	4万円	2万円
	120万円 超 123万円 以下	3万円	2万円	1万円

14　扶養控除

　居住者が控除対象扶養親族を有する場合に，一定の金額を控除するものです。

　扶養親族等の判定の時期等は，その年の12月31日で判定します。死亡の場合には，死亡の時点で判定します（所法85）。

　控除対象扶養親族とは，居住者の親族で，居住者と生計を一にする者のうち，合計所得金額が38万円以下である者で（所法2①三十四），年齢が16歳以上の者をいいます（所法2①三十四の二）。

　扶養親族の控除額は，次のようになっています。

第3章　所得控除

区分		控除額
一般の扶養親族[*1]		380,000円
特定扶養親族[*2]		630,000円
老人扶養親族[*3]	ア　同居老親	580,000円
	イ　同居老親以外	480,000円

＊1　16歳以上18歳以下，23歳以上69歳以下の者が該当します。

＊2　19歳以上22歳以下の者が該当します。

＊3　70歳以上の者が該当します。

　次に，配偶者控除・配偶者特別控除・扶養親族の申告書への記入例をまとめて示します。

【例】

・A氏　配偶者　⇒控除額380,000円

・B氏　扶養親族で25歳　⇒控除額380,000円

・C氏　同居していないが老人扶養親族　⇒控除額480,000円

・D氏　扶養親族で21歳　⇒控除額630,000円

・F氏　扶養親族で14歳　⇒控除額0円

【申告書への記入例】

第二表

○ 所得から差し引かれる金額に関する事項

⑯寄附金控除	寄附先の所在地・名称				寄附金	円

⑰〜⑲寡婦寡夫控除	□ 寡婦（寡夫）控除　□ 勤労学生控除
⑳障害者控除	□ 死別　□ 生死不明　（学校名　　　　　　） □ 離婚　□ 未帰還

㉑〜㉒配偶者特別控除	配偶者の氏名	生年月日	☑ 配偶者控除
	A	明・大 昭・平 47.12.5	□ 配偶者特別控除
	個人番号		国外　居　住

	控除対象扶養親族の氏名	続柄	生年月日	控除額
㉓扶養控除	B	子	明・大 昭・平 5.1.1	38万円
	個人番号			国外　居　住
	C	母	明・大 昭・平 20.3.2	48万円
	個人番号			国外　居　住
	D	子	明・大 昭・平 10.1.1	63万円
	個人番号			国外　居　住
		㉓扶養控除額の合計		149万円

第一表

所得から差し引かれる金額	雑損控除	⑩							
	医療費控除 区分	⑪							
	社会保険料控除	⑫							
	小規模企業共済等掛金控除	⑬							
	生命保険料控除	⑭							
	地震保険料控除	⑮							
	寄附金控除	⑯							
	寡婦、寡夫控除	⑱				0	0	0	0
	勤労学生、障害者控除	⑲〜⑳				0	0	0	0
	配偶者（特別）控除 区分	㉑〜㉒		3	8	0	0	0	0
	扶養控除	㉓	1	1	1	0	0	0	0
	基礎控除	㉔				0	0	0	0
	合計	㉕							

　F氏は扶養親族であるが，16歳未満なので，所得税の計算上は考慮されない

99

が，住民税均等割の非課税限度額の計算に影響するので，第二表の「住民税・事業税に関する事項」欄に記載する。

| 第二表 |

○ 住民税・事業税に関する事項

住民税		氏　名	個　人　番　号	続柄	生年月日	別居の場合の住所	給与・公的年金等に係る所得以外（平成31年4月1日において65歳未満の方は給与所得以外）の所得に係る住民税の徴収方法の選択		給与から差し引き
	同一生計配偶者	F		子	平15.1.1			○	自分で納付
	16歳未満の扶養親族				平 . .		寄附金税額控除	都道府県、市区町村分	円
					平 . .			住所地の共同募金、日赤支部分	
	配当に関する住民税の特例	円	非居住者の特例	円	配当割額控除額	円		都道府県	
					株式等譲渡所得割額控除額	円		市区町村	

事業税	非課税所得　な　ど	番号	所得金額	円	損益通算の特例適用前の不動産所得	円	前年中の開（廃）業	開始・廃止	月　日
	不動産所得から差し引いた青色申告特別控除額			円	事業用資産の譲渡損失など		他都道府県の事務所等		

| 別居の控除対象配偶者・控除対象扶養親族・事業専従者の氏名・住所 | 氏名 | | 住所 | | 所得税で控除対象配偶者などとした専従者 | 氏名 | | 給与 | | 一連番号 | |

15　配偶者控除・配偶者特別控除・扶養控除の実務上の留意点

　配偶者控除・配偶者特別控除・扶養控除（以下，「扶養控除等」とします。）は，「親族関係」に関連する人的控除項目であるため，実務上の留意点として，共通して挙げられる点がいくつかあります。そこで，まず扶養控除等に共通しての留意点を整理し，次にそれぞれの留意点について整理していきます。

(1)　配偶者控除・配偶者特別控除・扶養控除に共通しての留意点

①　「生計を一にする」

　配偶者控除，扶養控除の適用において，「生計を一にする」という文言が出てきます。この「生計を一にする」とはどのようなことなのでしょうか。

　「生計を一にする」とは，必ずしも同一の家屋に起居していることを意味するものではありません。勤務，修学，療養等の都合上他の親族と日常の起居を共にしていない親族がいる場合であっても，次のような場合には「生計を一」にしていると認められます（所基通2-47）。

【日常の起居を共にしていない親族がいる場合であっても，生計を一にしていると認められる場合】

①　その親族と日常の起居を共にしていない親族が，勤務，修学等の余暇には

100

第3章　所得控除

当該他の親族のもとで起居を共にすることを常例としている場合

②　これらの親族間において，常に生活費，学資金，療養費等の送金が行われ
ている場合

　親族が同一の家屋に起居している場合でも，生活費を全く別にしているように，
明らかに互いに独立した生活を営んでいると認められる場合には，生計を一にして
いるとはいえません。

　すなわち，「生計を一にする」とは，「同じ財布で生活している」ことを意味しま
す。

②　年の中途で死亡又は出国した所得者の扶養控除等の対象とされた者の判定

　年の中途で死亡又は出国した所得者の扶養控除等の対象とされた者についての取
扱いが，実務上，問題となります。

　年の中途で死亡し又は出国した者の控除対象とした配偶者・配偶者特別控除の対
象とした配偶者・扶養親族に該当するかどうかの判定は，その死亡又は出国の時の
現況により判定します（所基通85-1）。その控除対象配偶者若しくは配偶者又は扶
養親族が，他の所得者の控除対象配偶者若しくは配偶者又は扶養親族に該当するか
どうかの判定は，その年の12月31日の現況（所法85③）により判定します（所基
通83～84-1）。

③　年の中途において死亡した者等の親族等が扶養親族等に該当するかどうかの判定

　年の中途において死亡し又は出国をした居住者の配偶者・親族について扶養控除
等の適用ができるかどうかについては，次のように判定します（所基通85-1）。

　イ　生計を一にしていたか，親族関係にあったかどうかの判定

　その親族がその居住者と生計を一にしていたかどうか，及び親族関係にあった
かどうかは，その親族が死亡した時又は出国の時の現況により判定します。

　ロ　その親族が「同一生計配偶者」「配偶者」「扶養親族」に該当するかどうか，
の判定

　その親族が「同一生計配偶者」「配偶者」「扶養親族」に該当するかどうかの判
定については，その死亡の時又は出国の時の現況により見積もったその年1月1
日から12月31日までのその親族の合計所得金額により判定します。

101

④　扶養親族の合計所得

扶養親族とは，居住者の親族等一定の者で生計を一にする者のうち，「合計所得金額」が38万円以下の者（所法2①三四）とされています。

この「合計所得金額」とは，純損失や雑損失の繰越控除を適用しないで計算した場合における総所得金額等の各課税標準（分離課税の譲渡所得の金額は特別控除前）の合計額です（所法2①三十ロかっこ書）。なお，「総所得金額等の合計額」とは，純損失や雑損失の繰越控除を適用した後の金額です（所法22②）。

⑤　扶養親族等の所属の変更

例えば，共働きの夫婦で子供が1人の場合で，その子供を夫の扶養親族としていたが，妻の扶養親族としたい場合は，自分の扶養親族等を増加させようとする者及び減少させようとする者の全員がその扶養親族の所属の変更を記載した確定申告書を提出しなければなりません。

したがって，確定申告書の提出によりその所属を変更しようとする場合には，自己の扶養親族等を減少させようとする者のうちに確定申告書の提出を要しない者がいるときであっても，その者を含めた全員が確定申告書を提出する必要があります（所基通85-2）。

注意が必要なのは，扶養親族の所属の変更について「修正申告」や「更正の請求」での手続きが認められない点です。

例えば，「夫が子供を扶養親族として年末調整したが，妻の不動産所得の確定申告で扶養親族とした方が，夫婦の所得税の合計額が有利になる」というケースでは，夫が子供を扶養親族から除外する確定申告を行い，妻が子供を扶養親族に含める確定申告をすれば認められます。

逆に，前述のケースで「妻がすでに不動産所得の確定申告をしてしまっていた」というケースでは，一旦，妻が確定申告をしている以上，修正申告又は更正の請求で扶養親族の所属の変更をすることは認められません。

(2)　配偶者控除・配偶者特別控除の留意点

①　確定申告をする本人の合計所得金額が1,000万円以下であること

税制改正によって，平成30年分所得税以後，配偶者控除・配偶者特別控除については，本人の合計所得金額が1,000万円を超える場合には，適用を受けることがで

きません（所法83，同83の2）。

② **青色事業専従者・事業専従者は対象外**

事業所得者・不動産所得者に関連する事柄ですが，青色事業専従者・白色申告の事業専従者となっている配偶者については控除対象配偶者に該当しませんので（所法2①三十三），配偶者控除・配偶者特別控除の適用を受けることはできません。

③ **夫婦双方での適用は不可**

配偶者の一方が他の配偶者を配偶者特別控除の対象としている場合，他の配偶者は一方の配偶者を配偶者特別控除の対象とすることは認められません（所法83の2②）。

(3) 扶養控除の留意点

① **16歳未満の扶養親族と住民税の計算**

16歳未満の扶養親族は，所得税の計算においては控除対象扶養親族に該当せず，考慮されません。

注意をしておきたいのは，住民税の均等割の計算です。住民税均等割については，均等割のみを課すべき者のうち，前年の合計所得金額が一定の基準に従い市区町村の条例で定める金額以下の者については非課税とされています。16歳未満の扶養親族については，この非課税限度額の算定で考慮されます（地法24の5③，同38，同295③，同310，地法附3の3①④・地令47の3）。

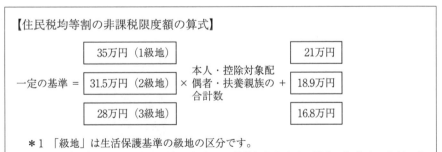

② **老人扶養親族の要件である「同居を常況」**

老人扶養については，「同居を常況」としていることが要件とされます（措法41の16）。

「同居を常況」とは，先に触れた「生計を一」との意義と異なります。

それでは，何をもって「同居を常況」としているのかの判定ですが，条文では明確となっていません。裁判例・裁決例に拠れば，「扶養控除等の対象となる特別障害者が介護施設等に入所せずに，いわゆる在宅で介護等を受けている場合」を意味すると述べている裁判例（さいたま地裁平成15年11月26日判決 TAINS：Z253-9470），「特別障害者が介護施設などに入居せず，在宅により介護等を受けている場合」とする裁決（平成15年5月15日裁決 TAINS：J65-2-20），「特別障害者が家庭において家族と一緒に生活できるよう配慮する観点から創設されたものであるところからすれば，…納税者の控除対象配偶者又は扶養親族である特別障害者が，病気治療のための一時的な入院を除き，病院又は老人ホーム等に入院・入所せず，いわゆる在宅において当該納税者等から介護を受けている場合と解される。」とする裁決（平成元年3月31日裁決 TAINS：F0-1-151）があります。

すなわち，「同居を常況」としていることとは，「実際に同居して生活をしていること」を意味するものと解されます。

したがって，老人ホーム・介護施設等に入所している場合には，そこが居所となるので，同居を常況としているとはいえません。この判断については，住民票の異動は関係がなく，実態で判断します。

ただし，病気治療のための入院で，その期間が結果として1年以上といった長期にわたった場合には，同居を常況としている者として取り扱うことが認められています。

③ 国外居住の親族を扶養控除対象とする場合

控除対象扶養親族については，必ずしも国内で居住している者には限りません。国外に居住している親族であっても，控除対象扶養親族とすることは認められます。ただし，親族関係書類（所規47の2④）と送金関係書類（所規47の2⑤）が必要です。これらの書類が，外国語で作成されている場合には，翻訳文も併せて提出が必要となります（所令262⑤，同316の2）。

【親族関係書類の具体例】

① 戸籍の附表の写しその他の国又は地方公共団体が発行した書類及び国外居住親族の旅券（パスポート）の写し

第3章　所得控除

> ②　外国政府又は外国の地方公共団体が発行した書類（国外居住親族の氏名，
>　　生年月日及び住所又は居所の記載があるものに限る。）

　外国政府又は外国の地方公共団体が発行した書類により，親族関係を明確にします。具体的には，「戸籍謄本その他これに類する書類」「出生証明」「婚姻証明」が該当します。

　親族関係書類は，「六親等内の血族」「配偶者」「三親等内の姻族」であることの証明をするためのものです。したがって，身分証明書といっても「運転免許証」や「パスポート」のみでは親族関係が明確となりませんので，前記の書類が必要となります。

【送金関係書類の具体例】
①　金融機関の書類又はその写しで，その金融機関が行う為替取引により居住者から国外居住親族に支払いをしたことを明らかにする書類
②　いわゆるクレジットカード発行会社の書類又はその写しで，国外居住親族がそのクレジットカード発行会社が交付したカードを提示等してその国外居住親族が商品等を購入したこと等により，その商品等の購入等の代金に相当する額の金銭をその居住者から受領し，又は受領することとなることを明らかにする書類

　国外居住の親族に，年内に複数回にわたって送金をしている場合，原則としてすべての「送金関係書類」の提出又は提示が必要です。例外として，同一の国外居住の親族に年3回以上の送金をしている場合には，「居住者の氏名及び住所」「支払を受けた国外居住親族の氏名」「支払日」「支払方法」「支払額」の5項目を記載した明細書を提出すれば，最初と最後に送金をした際の送金関係書類の提出又は提示で，その他の送金関係書類を省略することは認められます（所基通120-9）。

　金融機関からの送金が確認できなければ「送金をした」という事実は認められません。したがって，「帰国した際に現金を持参した」ということは認められません。

　加えて，まとめての送金は「扶養数1」となります。複数名の国外居住の親族を扶養控除の対象とする場合には，それぞれに送金されている事実が必要です。例えば，両親に送金する場合，父親の口座にまとめて送金し，父親の口座から母親の口

105

座へ金銭を移動させていたとしても，父親の口座への送金のみの確認しかできないので，扶養数のカウントは「1」となります。

複数の国外居住の親族を扶養控除の対象とするためには，面倒でも，各人のそれぞれの口座へ送金する必要があります。

送金する金額については，扶養をしているといえる「一般常識の範囲」である必要があります。送金する金額についての基準については，特に基準はなく，明確とはされていませんが，少額な送金金額である場合，「本当に扶養しているのか」という疑問が生じます。そこで，ひとつの目安として，「その国・地域で生活に必要な額の半分以上」で判断するのが実務的です。送金先の国・地域の経済状況も併せて確認する必要があります。

なお，国外居住の親族が使用するクレジットカードで，支払は居住者本人である場合，いわゆる「家族カード」の場合には，その利用明細書を送金関係書類の代わりとすることが認められています。

16 基礎控除

居住者については，その者のその年分の総所得金額，退職所得金額又は山林所得金額から38万円を控除します（所法86）。

(1) 控　除　額

38万円　＝　基礎控除額

第3章 所得控除

(2) 記 入 例

【申告書への記入例】

所得から差し引かれる金額	雑 損 控 除	⑩								
	医療費控除 区分	⑪								
	社 会 保 険 料 控 除	⑫								
	小規模企業共済等掛金控除	⑬								
	生 命 保 険 料 控 除	⑭								
	地 震 保 険 料 控 除	⑮								
	寄 附 金 控 除	⑯								
	寡婦、寡夫控除	⑱					0	0	0	0
	勤労学生、障害者控除	⑲~⑳					0	0	0	0
	配偶者(特別)控除 区分	㉑~㉒					0	0	0	0
	扶 養 控 除	㉓					0	0	0	0
	基 礎 控 除	㉔			3	8	0	0	0	0
	合 計	㉕								

(3) 基礎控除の見直し（令和2年分所得税より適用）

平成30年度税制改正において，基礎控除について次のような見直しが行われました。

【基礎控除の見直し】

① 基礎控除額を一律10万円引き上げる。

② 合計所得金額が2,400万円を超える個人については，その合計所得金額に応じて控除額が逓減し，合計所得金額が2,500万円を超える個人については基礎控除の適用はできないこととする。

この見直しにより，基礎控除額は次のようになります。

現行	改正後（令和2年分所得税から適用）	
	合計所得金額	基礎控除額
一律　380,000円	2,400万円以下	480,000円
	2,400万円超　2,450万円以下	320,000円
	2,450万円超　2,500万円以下	160,000円
	2,500万円超	0円

107

基礎控除という名称の控除制度でありながら，合計所得金額によって適用金額が変わる控除制度に改正されています。

Attention!

「基礎」でなくなる基礎控除

　令和2年分の所得税より，合計所得金額によって基礎控除の適用金額がそれぞれ違ってくることになり，もはや「基礎」とはいえない基礎控除に改正されました。

　税務調査等により，修正申告が必要となった場合，従来であれば，修正事項に関する金額だけを考慮すれば足りましたが，今後は，それに合わせて基礎控除額の見直しも必要となってきます。

第4章

事業所得の収入金額・必要経費

　個人で商売を営んでいる者は，個人事業者として「事業所得」の確定申告が必要となります。個人事業者の確定申告業務は，所得税の実務としては件数も多く，メインの業務といっても過言ではありません。

　事業所得で重要なのは，計上すべき収入金額と必要経費についての理解です。収入金額については，事業収入として計上すべきものか否かの判断が必要です。必要経費については，事業収入との関連性，特に家事費・家事関連費との区分について重要となります。

　本章においては，事業所得として計上すべき収入金額・必要経費について，青色決算書・収支内訳書の構成に従って，解説をしていきます。

第4章 1 事業所得の収入金額

　所得税の計算において，収入金額と必要経費の計算が重要です。まず，基本的な部分を理解するため，事業所得における収入金額と必要経費について整理していきます。

　後に，不動産所得等，他の所得における独特の収入金額・必要経費について整理していきます。

1 収入金額についての原則

　事業所得は，製造業・卸売業・小売業，サービス業等の自己が営む事業から生じる所得です。したがって，売上（収入）金額として計上するものは，事業から生じた売上（収入）を計上します（所法36）。

　本来の事業の売上（収入）でない雑収入も，事業に関連して得たものであれば，事業による収入として計上します。

2 収入金額に関しての留意点

(1) 「事業」であるか否かの判断

　実務において，まず重要なのが，その収入を得る行為が「事業」といえるかどうかの判断が必要です。

　最高裁判例（昭和56年4月24日判決 TAINS：Z11-4788）では，「事業所得とは，自己の計算と危険において独立して営まれ，営利性，有償性を有し，かつ反覆継続して遂行する意思と社会的地位とが客観的に認められる業務から生ずる所得」とされています。つまり，「自分の独自の活動でその収入で生活の中心が営まれているか否か」という点で判断されます。

　実務上，事業としての収入として計上していたけれども，実際には「給与所得」であった，というケースもあります。例えば，開業医師が学校の校医としての医師活動を行っているようなケースがあります。このような場合，校医としての収入は，学校の職員としての給与として取り扱われていることもあり，給与所得の源泉徴収

110

第4章　事業所得の収入金額・必要経費

票が発行されます。

　実務上は，給与所得としての源泉徴収票が発行されているか，報酬としての支払調書が発行されているかで判断します。

(2)　事業の遂行に付随して生じた収入

　事業所得を生ずべき事業の遂行に付随して生じた次に掲げるような収入は，事業所得の金額の計算上総収入金額に算入します（所基通27−5）。

【事業の遂行に付随して生じた収入の例】
① 　事業の遂行上取引先又は使用人に対して貸し付けた貸付金の利子
② 　事業用資産の購入に伴って景品として受ける金品
③ 　新聞販売店における折込広告収入
④ 　浴場業，飲食業等における広告の掲示による収入
⑤ 　医師又は歯科医師が，休日，祭日又は夜間に診療等を行うことにより地方公共団体等から支払を受ける委嘱料等
⑥ 　事業用固定資産に係る固定資産税を納期前に納付することにより交付を受ける報奨金

　「事業に付随した収入」の判断ポイントですが，金銭の授受が「事業の遂行の過程」で得ているか否かがポイントとなります。

　医師が開業に伴って受け取る「御祝い金」の税務上の取扱いが争点となった裁決（平成14年1月23日裁決事例集63巻153頁）では，「民法は，私人間の法律関係を規律するという見地に基づいた定めであるのに対し，租税法は，収入の経済的実質を重視し，担税力に応じた課税の実現を期すものであることから，租税法上の贈与の概念は民法上の贈与の概念とは別異に解すべきである。」「ところで，本件祝金は，請求人が新たに事業として医療保健業を開業したことに伴い請求人の事業関係者から受領したもの（下線部筆者）であることから，経済的実質から見れば事業の遂行に付随して生じた収入というべきであり，租税法上，このような収入についてまで贈与と解するのは担税力に応じた公平な税負担の見地からも相当でなく，……相続税法及び所得税法にいう贈与には該当せず，非課税所得には当たらないと解するのが相当である。」とし，医師の開業に伴う御祝い金については，事業所得に該当す

111

るものとして判断されています。

　事業の遂行に伴い収受した金銭は，事業の収入となります。個人事業者で，事業と私用を明確に区分できていないケースがありますが，事業による入金と私的な理由による入金は，厳密に区分する必要があります。実務の対応策として，例えば，預貯金の口座を事業用と私用とに別々にするといったことが必要です。

　なお，寄宿舎等の貸付けによる所得についてですが，事業所得を生ずべき事業を営む者が，従業員に寄宿舎等を利用させることにより受ける使用料に係る所得は，不動産の貸付による所得であることから，後述する「不動産所得」に該当するようにも思われますが，事業に付随する所得として事業所得に該当します（所基通26-8）。

(3)　売上（収入）の金額として計上するべき時期

　売上（収入）の金額は，実際の入金がなくても，請求できる状態になった時点で計上するのが原則です。この原則を「権利確定主義」といいます。

　つまり，請求書等が発行され売掛金・未収入金として認識できる状態になっていれば，収入として計上します。

(4)　棚卸資産等の家事消費

　個人事業者が，事業に用いる棚卸資産を家事のために消費した場合には，その消費した資産の金額を，事業所得の金額の計算上，総収入金額に算入しなければなりません（所法39）。

　具体的には，飲食業を営む個人事業者が，自分の食事のために料理を作って食べた，といったケースがこれに当てはまります。

　自分のための家事消費については，「二面の月別売上（収入）金額」欄の「家事消費等」の欄に記入する必要があります。

(5)　棚卸資産等の贈与又は遺贈・低廉譲渡

　個人事業者が，棚卸資産を贈与又は遺贈により無償で受け取った場合には，その贈与又は遺贈の時におけるその棚卸資産の価額でもって，贈与又は遺贈を受けた日の属する年分の事業所得の金額の計算上，総収入金額に算入します（所法40①一）。

　また，個人事業者が，棚卸資産を著しく低い価額の対価により譲渡を受けた場合

（低廉譲渡）には，その対価の額と譲渡の時における棚卸資産の価額との差額のうち，実質的に贈与を受けたと認められる金額を，低廉譲渡を受けた日の属する年分の事業所得の金額の計算上，総収入金額に算入します（所法40①二）。

| 第4章 | **2** | **事業所得の必要経費** |

1 必要経費についての原則

　事業所得は，売上（収入）金額から，売上原価と経費を差し引くことで計算されます（所法37）。売上原価と経費を総じて「必要経費」とされ，青色決算書の一面も，売上（収入）金額から，売上原価と経費を差し引いていく様式になっています。

(1) 費用収益対応の原則

　必要経費は，「費用収益対応の原則」から，①所得の総収入金額に係る売上原価その他当該総収入金額を得るため直接に要した費用の額（個別対応の必要経費）と，②所得が生じた年における販売費，一般管理費その他これらの所得を生ずべき業務について生じた費用（一般対応の必要経費）からなります。

　事業所得の金額は，その年中の事業所得に係る総収入金額から必要経費を控除した金額です（所法27②）。

(2) 必要経費と家事費・家事関連費の区分について

　必要経費としては，収入の基である業務の遂行上，必要な支出がそれに該当します（所令96一）。

　実務上，必要経費に関して悩ましいのは「必要経費」と「家事費・家事関連費」の区分です。これについて明確に区分することは困難である場合が多くあります。

　この区分については，総収入の発生との関係で，「個別的対応」「期間的対応」する関係が成り立つのか否か，いうなれば「手段と結果」の関係にあるか否かの判断に拠らざるを得ません。

　必要経費については，その支出が，業務の遂行上必要なものであれば足り，業務との直接的な関係までは必要ありませんが，実務上の問題として，家事費・家事関連費との問題があります。

　例えば，特に小規模な個人事業者に発生しやすい問題ですが，業務に関連した支出と個人的支出が混在している場合です。

第4章　事業所得の収入金額・必要経費

　この問題については，「事業の業務に関連しての支出」と「個人的な事柄に関連しての支出」を明確に区分し，前者を「事業所得の必要経費」として計上し，確定申告をすることとなりますが，現実にはその区分をどのようにするか，何の基準に基づいて区分するかについて，判断に迷うケースも多いのも現実です。

　事業の業務の遂行上，必要であったか否かの判断は，業務の内容，経費の内容，家族及び使用人の構成，店舗併用の家屋その他の資産の利用状況等を総合勘案して判定することになります（所基通45－1）。

　すなわち，それぞれの事業の業務の形態から，合理的な区分基準を自らで決定する必要があります。

(3)　必要経費として認められない支出

　必要経費として認められるものは，売上（収入）金額に対応する経費ですが，次に挙げた支出については，必要経費として認められません（所法45）。

【必要経費不算入となる支出】

①　家事上の経費

②　家事関連費

　※　家事関連費については，次のものは除かれます。
　・家事上の経費に関連する経費の主たる部分が，事業所得を生ずべき業務の遂行上必要であり，かつ，その必要である部分を明らかに区分することができる場合におけるその部分に相当する経費
　・青色申告者に係る家事上の経費に関連する経費のうち，取引の記録等に基づいて，事業所得を生ずべき業務の遂行上直接必要であったことが明らかにされる部分の金額に相当する経費

③　所得税

④　所得税以外の国税に係る延滞税，過少申告加算税，無申告加算税，不納付加算税及び重加算税

⑤　印紙税法による過怠税

⑥　道府県民税及び市町村民税（都民税及び特別区民税を含む。）

⑦　地方税法の規定による延滞金，過少申告加算金，不申告加算金及び重加算金

⑧　罰金及び科料並びに過料

115

⑨ 一定の損害賠償金
⑩ 独占禁止法等，法律課徴金及び延滞金
⑪ 賄賂その他一定のもの

Attention!

事業の内容で，当然に異なる「必要経費」

　所得税の計算上，計上が認められる「必要経費」は，事業の内容に拠って当然に異なってきます。例えば，税理士がCDを買ったり，映画を鑑賞したりする行為は，完全にプライベートな行為であって，それに関しての支出は当然，税理士業務の必要経費とはなりません。しかし，音楽家が他の同業者の研究のためにCDを購入したり，作曲の参考とするために映画を鑑賞する行為は，業務に関連した行為ともいえます。つまり，所得税の世界において，事業所得者としては同じであったとしても，その事業の内容に拠って，必要経費の範囲も当然に異なってきます。必要経費の該当性の判断においては，その事業の内容をよく分析して判断する必要があります。

　必要経費の該当性については，「客観的判断に基づいて行うべき」とされていますが，そもそも，「客観的判断」といってもかなり難しいことといえます。

　必要経費に該当するか否かの判断は，納税者本人がまずもって判断すべきことであり，それに基づいて事業所得・不動産所得の金額の計算を行うのであって，初めから「主観的判断」に基づいているともいえます。必要経費性が問題となるのは，税務調査の時点であって，そこで「客観性が云々」と言われても，難しいのです。

　考えるに，必要経費の該当性の判断においての「客観性」とは，必要経費であるとする「説得力を有しているか否か」といえるのではないでしょうか。

2　売上原価

　期首棚卸高と当期仕入高の合計額から期末棚卸高を差し引くことによって売上原

価を計算します。簿記でよくいわれる「シイ・クリ・クリ・シイ」の欄です。

　原価計算を行っている個人事業者の場合は，四面の「製造原価の計算」を完成させてから，そこでの金額を転記します。

(1) 購入した棚卸資産の取得価額

　棚卸資産の取得価額に算入するものについては，取得の態様によって，異なります。棚卸資産の取得価額は，「購入代価」に加えて，「販売の用に供するために直接要した費用」を算入します（所令103①一）。

　棚卸資産を購入した場合の「購入代価」には，次のような支出が算入されます。

【棚卸資産を購入した場合の「購入代価」】
① 引取運賃
② 荷役費
③ 運送保険料
④ 購入手数料
⑤ 関税
⑥ その他当該資産の購入のために要した費用

　棚卸資産を購入した場合の「販売の用に供するために直接要した費用」には，次のような支出が算入されます（所基通47－14）。なお，これらの支出の合計額が，その棚卸資産の購入の代価のおおむね3%以内の金額である場合には，その取得価額に算入しないことが認められます。

【棚卸資産を購入した場合の「販売のように供するために直接要した費用」】
① 買入事務・検収・整理・選別・手入れ等に要した費用の額
② 販売所等から販売所等へ移管するために要した運賃，荷造費等の費用の額
③ 特別の時期に販売するなどのため長期にわたって保管するために要した費用の額

　固定資産税，都市計画税，登録免許税（登録に要する費用を含む。），不動産取得税，地価税，特別土地保有税等の租税公課については，その取得価額に算入しないことが認められます（所基通47－18の2）。

⑵　製造した棚卸資産の取得価額

　棚卸資産を製造した場合の取得価額については，「製造減価」に加えて，「販売の用に供するために直接要した費用」が算入されます（所令103①二）。

　棚卸資産を製造した場合の製造原価は，次のものが挙げられます。

【棚卸資産を製造した場合の製造原価】
① 　原材料費
② 　労務費
③ 　外注工賃等の製造経費

　棚卸資産を製造した場合の「販売の用に供するために直接要した費用」には，次のような支出が算入されます（所基通47-17）。

【棚卸資産を製造した場合の「販売の用に供するために直接要した費用」】
① 　製造後における検査・検定・整理・選別・手入れ等に要した費用の額
② 　製造所等から販売所等へ移管するために要した運賃・荷造費等の費用の額
③ 　特別の時期に販売するなどのため長期にわたって保管するために要した費用の額
　※ 　これらの費用の額の合計額が，その棚卸資産の製造原価のおおむね3%以内の金額である場合には，その取得価額に算入しないことが認められます。

⑶　棚卸資産の評価方法

　棚卸資産については，次のようにいくつかの評価方法が定められています。

第4章　事業所得の収入金額・必要経費

名称		評価方法
原価法	個別法	期末棚卸資産の全部について，その個々の取得価額をその取得価額とする方法
	先入先出法	期末棚卸資産を種類・品質・型等（種類等）の異なるごとに区別し，その種類等の同じものについて，その種類等の同じものについて，当該期末棚卸資産をその年12月31日から最も近い日において取得した種類等を同じくする棚卸資産から順次成るものとみなし，そのみなされた棚卸資産の取得価額をその取得価額とする方法
	総平均法	期末棚卸資産をその種類等の異なるごとに区別し，その種類等の同じものについて，期首棚卸高と期中受入高との総平均単価を算出し，それを1単位あたりの取得価額とする方法
	移動平均法	棚期末棚卸資産をその種類等の異なるごとに区別し，その種類等の同じものについて，棚卸資産を取得する都度，平均単価を算出し，12月31日に最も近い時における平均単価をもって，期末棚卸資産を評価する方法
	最終仕入原価法	期末棚卸資産をその種類等の異なるごとに区別し，その年の最終の仕入単価によって期末棚卸資産を評価する方法
	売価還元法	期末棚卸資産をその種類等の異なるごとに区別し，棚卸資産の売価に原価率を乗じて原価を算出し，それをもって期末棚卸資産を評価する方法
低価法		期末棚卸資産をその種類等の異なるごとに区別し，その種類等の同じものについて，その取得価額と期末時価とのいずれか低い価額をもって評価する方法

　最後に触れました「低価法」による評価方法は，青色申告者に限って認められている評価方法で（所令99①），白色申告者には認められないことに注意が必要です。

(4)　棚卸資産の評価方法の選定

　棚卸資産の評価方法としては，上記(3)のいずれかの方法を，事業の種類ごとに，かつ，商品・製品・半製品・仕掛品・主要原材料・補助原材料等の棚卸資産の区分ごとに選定し，「棚卸資産の評価方法の届出書」を税務署長へ提出する必要があります（所令100）。

　所得税法では，最終仕入原価法が法定評価方法として定められていますので，この届出を提出しない場合には，最終仕入原価法で評価します（所令102）。

119

届出での提出期日ですが，次のようになっています。

届出理由	期日
新規開業の場合	開業した日の属する年分の確定申告期限（所令100②）
異なる事業の開始の場合	
評価方法の変更	変更しようとする年の3月15日（所令101）
特別な評価方法	期限なし

③ 経　　　費

経費項目については，⑧〜㉔・㉛・㉞・㊳欄には勘定科目が記載済みであり，それ以外の欄は勘定科目が空欄となっています。空欄となっている欄については，それぞれの個人事業者が自由に設定し，使用することができます。

ここでは，事業所得において，重要となる勘定科目をいくつか取り上げ，解説していきます。

(1) 租税公課

租税公課については，所得税等の必要経費不算入となるものがあることは先に触れておきました。

ここでは，必要経費として算入することが認められる租税公課について整理していきます。

① 固定資産税等の必要経費算入

業務の用に供される資産に係る固定資産税，登録免許税（登録に要する費用を含み，その資産の取得価額に算入されるものを除きます。），不動産取得税，地価税，特別土地保有税，事業所税，自動車取得税等は，必要経費に算入します。

この「業務の用に供される資産」には，相続，遺贈又は贈与により取得した資産を含むものとされます（所基通37−5）。

② その年分の必要経費に算入する租税

事業所得の金額の計算において，必要経費に算入する国税及び地方税は，原則として，その年12月31日までに申告等により納付すべきことが具体的に確定したも

120

第4章　事業所得の収入金額・必要経費

のとなります。

　例えば固定資産税のように，賦課課税方式による租税のうち納期が分割して定められている租税については，各納期の税額をそれぞれ納期の開始の日又は実際に納付した日の属する年分の必要経費に算入することができます。

③　利　子　税

　利子税については，納付の日の属する年分の必要経費に算入します。ただし，その年12月31日までの期間に対応する税額を未払金に計上した場合には，当該金額をその年分の必要経費に算入することができます。

④　消　費　税　等

　消費税等の課税事業者の消費税等については，消費税等の経理処理として税込経理方式を採用している場合で消費税等の納付税額があるときは，その納付税額を租税公課として処理します。納付税額を本年分の未払金に計上したときは，その未払金に計上した金額を租税公課として処理します。

　税抜経理方式を採用している場合には，消費税等の納付税額の確定として，「仮受消費税等」と「仮払消費税等」の相殺仕訳を計上し，残額を「未払消費税等」として貸借対照表に計上します。生じた端数については「雑収入」又は「租税公課」として計上することになります。

(2)　接待交際費

　接待交際費について，所得税においては，法人税とは異なり，必要経費に算入する限度額についての規定が設けられていません。しかし，これは接待交際費について無制限に必要経費性を認めているわけではなく，あくまでも「事業所得を生ずべき業務の遂行上必要な接待交際費」が必要経費となります。

　事業所得において，接待交際費の必要経費性を否認された裁決事例は数多くあります。これらは家事費との関連で争点となったものです。

　個人事業者であっても，接待交際費について，必要経費性の判断は厳しいものと理解をしておく必要があります。

(3)　減価償却費

　高額な固定資産を取得した場合，事業所得の計算上，「減価償却」をすることに

121

なります。実務上，減価償却の計算は，申告ソフトで行われることが多いので，こ
こでは基本的な項目について解説していきます。

① 対象となる減価償却資産

　対象となる減価償却資産は，「事業所得，生ずべき業務の用に供される建物，構
築物，機械及び装置，船舶，車両及び運搬具，工具，器具及び備品，鉱業権その他
の資産」（所法2①十九）です。分類すると，「有形減価償却資産」「無形減価償却資
産」「生物」に分けられます（所令6）。

区分	範囲	区分	範囲
有形減価償却資産	・建物及びその附属設備	無形減価償却資産	・意匠権
	・構築物		・商標権
	・機械及び装置		・ソフトウエア
	・船舶		・営業権　等
	・航空機	生物	・牛，馬，豚　綿羊及びやぎ
	・車両及び運搬具		・りんご樹，ぶどう樹等の果物樹
	・工具，器具及び備品		・茶樹，オリーブ樹等

② 減価償却の対象とならない資産

　次に掲げた，棚卸資産のように販売に供される資産や使用可能期間が短い資産，
取得価額が少額の資産は，上記に該当するものであっても減価償却の対象とならな
いものがあります。

イ　少額の減価償却資産

　使用可能期間が1年未満又は取得価額が10万円未満の減価償却資産は，その業
務の用に供した日の属する年分の必要経費に算入します（所令138）。

　使用可能期間が1年未満であるかどうかについては，業界で一般的に消耗性の
ものとして認識されており，平均的な使用状況・補充状況等からみてその使用可
能期間が1年未満であるかどうかで判定し（所基通49－40），取得価額が10万円
未満であるかどうかは，通常1単位として取引される単位で判定します（所基通
49－39）。

ロ　中小事業者の少額減価償却資産

　一定の要件を満たす青色申告者の場合には，平成18年4月1日から令和2年3月

31日までに取得した資産で，取得価額が10万円以上30万円未満の減価償却資産について取得価額の全額を必要経費に算入することが認められます（措法28の2）。これについては上限金額があり，1年間に300万円までが認められます。

取得価額が30万円未満であるかどうかは，通常1単位として取引される単位で判定します（措通28の2−2）。

ハ　減耗しない資産

土地や電話加入権，美術品等の時の経過により価値の減少しない資産は減価償却の対象となりません（所令6本条カッコ書き）。

ニ　棚卸資産・有価証券・繰延資産

棚卸資産・有価証券・繰延資産は減価償却資産とはなりません。

③　一括償却資産

取得価額が20万円未満である資産については，一括償却資産として取得価額の合計額の3分の1の額を各年の必要経費に算入することが認められます（所令139）。

取得価額が20万円未満であるかどうかは，通常1単位として取引される単位で判定します（所基通49−39）。

④　減価償却費の償却方法

減価償却費の計算方法として，「定額法」「定率法」「旧定額法」「旧定率法」があります。現行のものと旧のものとの違いは，償却費の計算式にあります。なお，この他に「生産高比例法」という償却方法がありますが，生産高比例法は，製造業で選択されることが多い特殊な償却方法なので，本書では割愛します。

所得税の実務としては，「定額法」が原則なので，この方法を押さえておくことが重要です。

イ　定　額　法

償却費の額が原則として毎年同額となる償却方法です。

定額法の計算式	取得価額　×　定額法の償却率　＝　その年分の償却額

ロ　定　率　法

償却費の額は初めの年ほど多く，年とともに減少する償却方法です。ただし，定率法の償却率により計算した償却額が「償却保証額」に満たなくなった年分以

後は，毎年同額となります。

定率法の計算式

・ 定率法の償却率による償却額(a)

= 未償却残高 × 定率法の償却率

・ 償却保証額(b)

= 取得価額 × その資産の耐用年数について定められている保証率

① a≧bのとき

定率法の償却率による償却額 = その年分の償却費の額

② a＜bのとき

改定取得価額(*) × その資産の耐用年数について定められている改定償却率 = その年分の償却費の額

* 改定取得価額とは，前年において改定取得価額を基として償却費の額を計算していないときは「前年末の未償却残高」を意味し，それ以外のときは「前年の改定取得価額」を意味します。

ハ 旧定額法

償却費の額が原則として毎年同額となります。旧定額法の計算では，取得価額から残存価額を差し引くことが考慮されます。

旧定額法の計算式	（取得価額 － 残存価額） × 旧定額法による償却率 = その年分の償却額

ニ 旧定率法

償却費の額は初めの年ほど多く，年とともに減少します。

旧定率法の計算式	前年末の未償却残高 × 旧定率法による償却率 = その年分の償却額

ホ 資産の取得の時期と償却方法

減価償却の対象となる資産の取得の時期と適用できる減価償却の方法は，次の

ようになっています。定額法・定率法・旧定額法・旧定率法のそれぞれの償却方法の適用についてですが，減価償却資産の取得日によって適用される償却方法が異なります。

資産区分		取得時期				
		~H10.3.31	H10.4.1 ~H19.3.31	H19.4.1 ~H24.3.31	H24.4.1 ~H28.3.31	H28.4.1~
資産区分	建物	旧定額法 旧定率法	旧定額法	定額法	定額法	定額法
	建物付属設備	旧定額法	旧定額法	定額法	定額法	定額法
	構築物	旧定率法	旧定率法	250％定率法	200％定率法	
	船舶 航空機 車両運搬具 工具・器具・備品 機械装置	旧定額法 旧定率法	旧定額法 旧定率法	定額法 250％定率法	定額法 200％定率法	定額法 200％定率法

⑤ 所得税においては「強制償却」

所得税において，必要経費として計算する減価償却費については，法人の場合とは違い，任意の金額を減価償却費として計上することは認められず，必ず減価償却をすることとされています。これを「強制償却」といいます。

法人税法では，償却限度額の範囲内で法人が「損金経理した償却費」を損金算入するとしています（法法31①）。つまり，損金経理を通して法人の判断による償却費の計算を認めています。

これに対し，所得税法では「選定した償却の方法に基づいて計算した金額」を償却費として必要経費とするとしています（所法41①）。つまり，償却の方法に従って算出された償却費の金額そのものを必要経費とするのです。

この法人税と所得税の減価償却についての取扱いの差は重要です。

所得税法の規定に従って計算した減価償却費の額に満たない金額を減価償却費の額として必要経費に算入していても，その満たない部分については，減価償却がな

されたものとして取り扱われます。

また，所得金額が赤字であるという理由で，その年分の減価償却費を翌年分以降に繰り越して計算することも認められません。

ただし，この強制償却は，普通償却についての適用で，租税特別措置法の規定による割増償却や特別償却の割増償却部分や特別償却部分については，償却不足部分について繰越しが認められる場合があります。

⑥　修繕費・資本的支出

固定資産に係る「修繕費」「資本的支出」の区分は重要です。

イ　資本的支出の例示

業務の用に供されている固定資産の修理，改良等のために支出した金額のうちその固定資産の価値を高め，又はその耐久性を増すこととなると認められる部分に対応する金額が資本的支出となります。

例えば，次に掲げるような金額は，原則として資本的支出に該当するものとされています（所基通37－10）。

【資本的支出の例示】

・建物の避難階段の取付け等物理的に付加した部分に係る金額

・用途変更のための模様替え等改造又は改装に直接要した金額

・機械の部分品を特に品質又は性能の高いものに取り替えた場合のその取替えに要した金額のうち通常の取替えの場合にその取替えに要すると認められる金額を超える部分の金額

ロ　ソフトウエアに係る資本的支出と修繕費

業務の用に供しているソフトウエアにつきプログラムの修正等を行った場合において，その修正等が，プログラムの機能上の障害の除去，現状の効用の維持等に該当するときはその修正等に要した費用は修繕費に該当し，新たな機能の追加，機能の向上等に該当するときはその修正等に要した費用は資本的支出に該当します。

既に業務の用に供しているソフトウエア，購入したパッケージソフトウエア等の仕様を大幅に変更して，新たなソフトウエアを製作するための費用は，原則として取得価額となります（所基通37－10の2）。

第4章　事業所得の収入金額・必要経費

ハ　修繕費に該当する費用

　業務の用に供されている固定資産の修理，改良等のために支出した金額のうちその固定資産の通常の維持管理のため，又は災害等によりき損した固定資産につきその原状を回復するために要したと認められる部分の金額が修繕費となります。

　例えば，次に掲げるような金額は，修繕費に該当します（所基通37－11）。

【修繕費の例示】

・建物の移えい又は解体移築をした場合におけるその移えい又は移築に要した費用の額

・機械装置の移設・解体に要した費用の額

・地盤沈下した土地を沈下前の状態に回復するために行う地盛りに要した費用の額

・建物，機械装置等が地盤沈下により海水等の浸害を受けることとなったために行う床上げ，地上げ又は移設に要した費用の額

・現に使用している土地の水はけを良くするなどのために行う砂利，砕石等の敷設に要した費用の額及び砂利道又は砂利路面に砂利，砕石等を補充するために要した費用の額

ニ　少額又は周期の短い費用の必要経費算入

　一の計画に基づき同一の固定資産について行う修理，改良等が次のいずれかに該当する場合において，その修理，改良等のために要した金額を修繕費の額としてその業務に係る所得の金額を計算し，それに基づいて確定申告を行っているときは，修繕費とすることができます（所基通37－12）。

【少額又は周期の短い費用として修繕費が認められる場合】

・その一の修理，改良等のために要した金額が20万円に満たない場合

・その修理，改良等がおおむね3年以内の期間を周期として行われることが既往の実績その他の事情からみて明らかである場合

ホ　資本的支出・修繕費について判断に迷う場合

　資本的支出であるのか修繕費であるのか，については実務上，判断が難しいことがあります。その場合，通達で示された形式基準（所基通37－13）で判断する

ことも認められています。

【形式基準による修繕費の判定】

イ　その金額が60万円に満たない場合

ロ　その金額がその修理，改良等に係る固定資産の前年12月31日における
　　取得価額のおおむね10%相当額以下である場合

　一の修理，改良等のために要した金額のうちに資本的支出であるか修繕費であるかが明らかでない金額がある場合において，継続してその金額の30%相当額とその修理，改良等をした固定資産の前年12月31日における取得価額の10%相当額とのいずれか少ない金額を修繕費の額とし，残余の額を資本的支出の額としてその業務に係る所得の金額を計算し，それに基づいて確定申告を行っているときは，これを認めるものとされています（所基通37-14）。

(4)　貸倒引当金

①　制度の概要

　貸倒引当金とは，事業の遂行上生じた売掛金，貸付金等の金銭債権が回収できなくなったときのため，その取立不能見込み額を見積もって，必要経費として計上する評価性引当金です（所法52①）。

②　対象となる金銭債権・対象とならない金銭債権

　貸倒引当金の対象となるのは，事業の遂行上生じた金銭債権です。例示としては，次の金銭債権が挙げられます（所基通52-1）。

【対象となる金銭債権】

①　売掛金・前渡金・未収入金

②　受取手形（割引手形・裏書手形を含みます。）

③　金融業者の貸付金・未収利子

④　自己の製品の販売強化，企業合理化等のため，特約店，下請先等に貸し付けている貸付金

⑤　事業上の取引のため，又は事業の用に供する建物等の賃借りのために差し入れた保証金，敷金，預け金等の金銭債権

---

⑥　使用人に対する貸付金又は前払給料，概算払旅費等

逆に，貸倒引当金の対象とならない金銭債権としては，例えば個人的な貸付金といった事業の遂行に関係がない債権です。

③　計 算 方 法

貸倒引当金として金額は，繰入限度額が法定されています（所法52・所令144）。繰り入れる金額の計算方法には，「個別評価」と「一括評価」の2種類があります。なお，一括評価は青色申告者で事業所得を有する者に認められた計算方法です。

イ　個 別 評 価

個別評価による繰入限度額は，次のようになっています。

	対象となる金銭債権	繰入限度額
①	会社更生法等による更生計画認可の決定に基づき，弁済の猶予又は賦払により弁済される場合	事由が生じた事業年度内の翌期首から5年以内に弁済される金額以外の金額
②	債務者につき，債務超過の状態が相当期間継続しその営む事業に好転の見通しがないこと等の事由が生じている場合	取立等の見込みがないと認められる金額
③	会社更生法等による更生手続き開始等の申立てがなされた場合	50%
④	外国の政府・中央銀行・地方公共団体に対する貸金等のうち，長期にわたる債務履行遅滞により経済的価値が著しく減少し，かつ，その弁済を受けることが困難と認められる事由が生じている場合	50%

ロ　一括評価（青色申告者）

貸金に係る貸倒引当金勘定への繰入限度額は，貸金の帳簿価額の合計額に次の割合を乗じて計算した金額です（所令145①）。この方法は，青色申告者で事業所得を有する場合に認められているので，不動産所得者が未収家賃等を対象として一括評価により貸倒引当金を計上することは認められません。

【貸倒引当金繰入額】

①　金融業以外の事業

> ・申告年の12月31日現在における貸金の帳簿価額×55%
>
> ②　金融業
>
> ・申告年の12月31日現在における貸金の帳簿価額×33%

「貸金の帳簿価額」は，売掛金等の額から，実質的に債権と認められないものの額を差し引いた金額をいいます。

「実質的に債権と認められないものの額」とは，同一人に債権と債務が生じている場合，例えば売掛金と買掛金があるという場合の額をいいます。その場合，実際に回収不能となった場合，債権は債務と相殺されることになるので，貸倒引当金の対象としないのです。

(5)　貸倒損失

事業所得の計算上，その事業の遂行上生じた売掛金・貸付金・前渡金等の債権の貸倒れの金額は，必要経費に算入します（所法51②）。事業上の金銭債権について貸倒れが生じ，それを事業所得の必要経費として計上することが認められれば，所得金額の圧縮になり，また，仮に赤字となった場合には，他の所得と損益通算（所法69）が可能となります。

「事業の遂行上生じた債権」の例としては，「販売業者の売掛金」「金融業者の貸付金及びその未収利子」等が挙げられます（所基通51−10）。

事業の遂行上生じた債権であるか否かの判定のポイントですが，裁決（平成17年2月23日裁決 TAINS：J69−2−07）によれば，「『事業の遂行上生じた貸付金』とは，当該事業の遂行と何らかの関連を有する限りの貸付金のすべてをいうものではなく，その業種業態からみて，当該事業所得を得るために通常必要であると客観的に認め得る貸付金をいうものと解される」とされています。

すなわち，事業の該当性は，納税者の主観には左右されず，あくまでも，事業の実態の客観性で判定することになります。

(6)　青色事業専従者給与
①　青色事業専従者の定義

個人事業者が，生計を一にする配偶者・親族に対して支払う対価は必要経費に算

第4章　事業所得の収入金額・必要経費

入しないが，特例として個人事業者が青色申告をしている場合，専ら事業に従事する生計を一にする配偶者・親族を「青色事業専従者」として届け出た場合，その生計を一にする配偶者・親族に対して支払われた給与については，労務の対価として認められる範囲内において，必要経費に算入されます（所法56・同57①・所令164②・所規36の4①）。

②　青色事業専従者の留意点

イ　青色事業専従者給与に関する届出書

青色事業専従者給与について，必要経費として認められるためには，「青色事業専従者給与に関する届出書」に，事業専従者に対して支払う給与の金額並びにその支給の方法及び形態，昇給の基準等を記載して，提出する必要があります。そして，これらの記載事項に変更が生じた場合には，変更内容を記載した「青色事業専従者給与に関する届出書」を，遅滞なく提出する必要があります（所規36の4①②）。

ロ　労務の対価として相当であること

青色事業専従者給与は，本来であれば認められない「生計を一にする親族への経費」を，事業専従者としての労務への対価として特別に認めているものです。したがって，青色事業専従者給与が「事業に専従した対価として相当であるか否か。」がポイントとなります。徒に高額な青色事業専従者給与は認めない，ということです。

事業に専従した対価として相当であるか否かの判断は，次の3点が重要なポイントとして考慮されます。

【青色事業専従者給与の金額決定のポイント】

・青色事業専従者の従事期間・従事内容

⇒従事期間は，当該事業に専従する期間がその年を通じて6カ月を超えることが必要とされます（所令165）。従事内容は，当該事業の内容・態様を勘案して，事業遂行上必要な労務であることが必要とされます。

・他の従業員・類似同業者との比較

⇒他人である第三者を雇用している場合，その者の業務内容と支給金額を比較して，青色事業専従者給与が高額とならないように金額を設定する必要

131

があります。同様の業務には，同様の労務の対価が支払われるべきである
からです。

・その事業の種類・規模・収益の状況

⇒青色事業専従者給与を支給することにより，事業者本人が赤字となったり，
資金繰りが悪化したりするようであれば，青色事業専従者給与金額の相当
性が問題となります。なお，過大と認定される金額については，贈与税の
課税対象となります。

ハ　青色事業専従者給与の期中減額

青色事業専従者給与については，事前の届け出が必要とされており，その変更
についても遅滞なく届け出をすることが求められています。したがって，その金
額の決定には，その専従者の勤務実態に加え，将来の経営状況を見込んだ上で決
定することが必要とされます。

しかし，経営とは予測のつかないものです。事業の経営成績の悪化により，見
込どおりにいかないケースも当然あります。「青色事業専従者として届け出た金
額が高すぎてしまった」ということはあり得ます。

この場合，青色専従者給与を減額することも認められます。青色事業専従者の
要件として，「その記載されている金額の範囲内において給与の支払を受けた場
合」となっているので，届け出た金額の範囲内であれば，期中での減額は認めら
れるのです。

ただし，「利益調整」としての減額は認められません。したがって，過去に遡っ
ての減額は認められません。なぜならば，「青色事業専従者給与として支払った」
という事実は変えられないからです。減額変更をするのであれば，将来において
支払われる青色事業専従者給与について認められます。

ニ　青色事業専従者への退職金は認められない

青色事業専従者給与が，事業所得の必要経費として計上することができるのは，
あくまでも青色申告者に対する特例です。

青色事業専従者給与として必要経費の計上ができるのは，「専従した労務の実
態への対価」であるので，「給与」「賞与」に限定されています。したがって，青
色事業専従者に対しての退職金は，必要経費とは認められません。

(7) 青色申告特別控除額

① 制度の趣旨

青色申告者の特典として，青色申告特別控除の制度が認められています。

青色申告書を提出することにつき税務署長の承認を受けている個人事業者の，その承認を受けている年分の事業所得の金額から，事業所得の金額を限度として，10万円を控除することができます（措法25の2①）。

青色申告書を提出することにつき税務署長の承認を受けている個人事業者で事業所得を生ずべき事業を営むものが，所定の帳簿書類を備え付けてこれにその承認を受けている年分の不動産所得の金額又は事業所得の金額に係る取引を記録している場合には，事業所得の金額から65万円を控除することができます（所法148①・措法25の2②）。

そもそも青色申告制度は，申告納税制度の定着を図るために導入された制度であり，申告納税制度が適正に機能するためには，納税者が帳簿書類を備え付け，それに収入・支出を正確に記帳し，それを基礎として申告を行うことが不可欠であるとされています。裁判例（広島高裁平成14年4月16日判決　TAINS：Z252-9104）においても，青色申告特別控除の制度について「青色申告制度の奨励と普及を図り，その健全な発展をめざすものであるから，青色申告制度と同様，適正な記帳慣行の確立と記帳水準の向上のみならず，法定申告期限内の申告をも奨励しようとする趣旨」であると述べられています。

その趣旨から，青色申告特別控除額は10万円が原則ですが，正規の簿記の原則に従った帳簿書類の備付け，貸借対照表・損益計算書等の作成，確定申告書への添付することができる納税者には65万円の青色申告特別控除が認められているのです。

② 平成30年度税制改正

平成30年度税制改正で青色申告特別控除の見直しが図られました。令和2年1月1日以後の控除額は55万円となります。ただし，次の①②の要件のいずれかを満たしている場合には，65万円のままです。

【令和2年1月1日以後の控除額が65万円となる要件】
① その年分の事業に係る仕訳帳及び総勘定元帳について，電子計算機を使用して作成する国税関係帳簿書類の保存方法等の特例に関する法律に定めると

133

ころにより「電磁的記録の備付け及び保存」又は「電磁的記録の備付け及び
その電磁的記録の電子計算機出力マイクロフィルムによる保存」を行ってい
ること。
② その年分の所得税の確定申告書，貸借対照表及び損益計算書等の提出を，
その提出期限までにe-Taxを使用して行うこと。

(8) 事業から対価を受ける親族がある場合の必要経費の特例

　居住者と生計を一にする配偶者その他の親族がその居住者の営む事業所得を生ず
べき事業に従事したこと等の事由によりその事業から対価の支払を受ける場合には，
その対価に相当する金額は，その居住者の事業所得の金額の計算上，必要経費に算
入しない，とされています（所法56）。

　この規定の目的は，「家族構成員の間に所得を分割して税負担の軽減を図ること
を防止すること」にあります。親族に対して事業から金銭を支払う場合，支払う側
が法人であれば損金算入が認められます。その点，個人事業者であれば必要経費に
ならず課税対象となるが，法人であれば損金となり税負担が減少する，という結果
が生じることとなるので，そのバランスを図るため，個人事業者が営む事業に従事
する対価としての給与は，「専従者控除」として一定金額で必要経費算入すること
が白色申告者でも認められています（所法57③）。

(9) 必要経費と家事費・家事関連費の区分

　事業所得の計算をする上では，家事上の経費に関連する経費の主たる部分が事業
所得を生ずべき業務の遂行上必要であり，かつ，その必要である部分を明らかに区
分することができる場合において，業務の遂行上，必要な部分に相当する支出は，
必要経費として計上することとされています。青色申告者の場合は，家事上の経費
に関連する経費のうち，取引の記録等に基づいて，事業所得を生ずべき業務の遂行
上直接必要であったことが明らかにされる部分の金額に相当する経費を，必要経費
として計上することとされています（所令96）。

　つまり，必要経費に該当するか否かについては，実務上は「事業の業務との関連
性」を判断の基準として，事業所得の必要経費性を判断し，必要経費と家事上の経

第4章　事業所得の収入金額・必要経費

費との区分を明確にする必要があります。そして，その区分基準については，誰もが納得できる妥当な基準であることが最も重要です。

　実務においての指針として，通達は，事業の業務の遂行上，必要であったか否かの判断は，業務の内容・経費の内容・家族及び使用人の構成・店舗併用の家屋その他の資産の利用状況等を総合勘案して判定することとしています（所基通45−1）。

　イ　光熱費関係

　　電気代・水道代といった光熱費関係については，「事業用」と「家庭用」とにメーターを分けておくことが一番明確ではありますが，それなりの設備投資が必要となります。そこで，代替的な区分基準を検討することが必要となりますが，事業として使用している面積・時間といった使用頻度等からの実態を基準として区分します。

　　なお，実際に事業としての水道等の使用がないにも関わらず，部分的に必要経費に計上することは当然に認められません。

　ロ　車両関連費

　　車両関連費については，事業用の車両としてのみ使用している，ということであれば，その支出の100％を必要経費として計上することは問題ありません。

　　しかし，個人事業者の場合，その車両をプライベートでも使用していることがあります。車両については，使用割合で判断することが妥当といえます。例えば，1カ月間における使用日数・業務での走行距離等を記録として残しておき，それをひとつの基準として必要経費を計上することが妥当といえます。

　　加えて，保険料・自動車税等の車両関連費についても，同一の基準でもって区分します。高速料金等の特別な通行料については，ETCの記録や領収書等で明確にすることが可能なので，それに基づいて区分します。

　　車両についての減価償却費ですが，年間をとおした事業使用割合を決め，青色決算書において事業割合を明記します。

　ハ　地 代 家 賃

　　自宅と事業所が一緒となっている場合の地代家賃については，事業に使用している部分と個人の生活に使用している部分との面積割合で区分し，事業所部分について必要経費として計上します。

　　自宅部分と事業所部分とが明確になっていない場合には，主として事業用とし

135

て使う部分はどの程度なのかを検討し，必要経費とすることが妥当といえます。

ニ　固定資産税

　自宅と事業所が一緒となっている場合の固定資産税についても事業に使用している部分と個人の生活に使用している部分との面積割合で区分して，事業所部分について必要経費とします。

　これら家事費・家事関連業について，仕訳元帳等においても区分して記載しておくことが必要です。

４　事業所得の実務のポイント

　ここまでで，事業所得の収入金額・必要経費について，整理してきましたが，重要なことは「適正に確定申告をする」ということです。

　そのためには，毎日，元帳等の会計帳簿を整理することが理想的ではありますが，個人事業者の場合は，日々の業務で忙しく，会計帳簿の整理が後手に回ってしまい，収入金額・必要経費の整理がままならず気が付けば確定申告時期，ということはよくあります。

　そこで，確定申告期を迎えての作業を少しでもスムーズにするための実務のポイントをいくつか取り上げていきます。

(1)　収入金額の整理方法

　収入金額については，その計上漏れは絶対に避けておきたいところです。そのためのいくつかの注意点を取り上げていきます。

①　売上集計表の作成・記載

　売上集計表を作成し，日々の売上を記載しておくようにすることがひとつの方法と言えます。メモ書き程度の簡易なものでも構いません。忙しいときでも，業務の終わりに相手先・売上金額を記載しておくことを心がけておけば，収入金額の計上漏れは防げます。

　加えて，発行した請求書との突合も行いやすくなります。

136

第4章　事業所得の収入金額・必要経費

② 預貯金への入金は日々毎に

現金商売をされている個人事業者の場合，入金された売上金額について，速やかに預貯金として預け入れることが適切です。そして，預け入れる際には，まとめて預け入れるのではなく，「〇月〇日売上分」と通帳で分かるように日ごとに預け入れることが理想的です。

③ 源泉徴収税額の管理

弁護士や音楽家といった売上である報酬につき，所得税が源泉徴収されている場合，その源泉徴収税額の管理も重要です。単純に入金金額を収入金額として把握するのでなく，源泉徴収された所得税の金額の管理も併せて行うことを心がけることが必要です。

(2) 必要経費の整理方法

① 領収書の管理

必要経費は，日々，支出されるものが多いので，証憑となる領収書の管理が重要です。加えて，必要経費は各勘定科目に整理する必要があるので，整理作業をため込んでしまうと，すぐに整理が困難で億劫な作業と化してしまいします。

「領収書管理に時間が取れない」という方には，勘定科目ごとの封筒等を用意してとりあえず管理する，という方法を勧めています。例えば，事務用消耗品を購入し領収書を手にしたならば，用意した「事務用消耗品の封筒」にとりあえず入れておき，保管しておくのです。整理する時間を見つけて，それを会計帳簿等に記載するようにすることが有効です。

② 領収書へのメモ

時間が経つと領収書の内容を忘れてしまうことがあります。そのためにも，領収書の裏に，使用内容のメモ書きをすることが有効です。例えば，接待交際費で「〇〇会社の△△さんと」と書いておけば，事業のための接待交際費であったことが記録として残ります。自分が分かる程度のメモ書きで構わないので，内容の記録が有効です。

③ クレジットカード決済の場合

クレジットカード決済の場合には，利用明細が発行されますので，その明細に事業で使用した部分にマーカーで線を引くなどして管理することが有効です。また，

137

ネットショッピングの場合，明細は発行されないケースが多いですが，それでも「注文請書」「決済書」といった証憑がメールで届くはずです。それを印刷・データ保管して，必要経費であることを示せるようにしておくことが有効です。

これらのことはあくまでも一例です。それぞれの事業形態に合わせた整理の仕方があります。ポイントは，「なるべく整理はため込まないこと」にあります。それを心がけた先にスムーズな確定申告業務があります。

第5章

不動産所得の収入金額・必要経費

　賃貸マンションや駐車場を貸付けている者は，不動産オーナーとして「不動産所得」の確定申告が必要となります。
　不動産所得の計算として計上すべき収入金額・必要経費についての理解は，基本的には，前章で触れました事業所得とほぼ同様ですので，本章においては，不動産所得の計算において特有の事柄について解説していきます。

| 第5章 | **1** | **不動産所得の留意点** |

不動産所得の収入金額・必要経費については，前章で述べた事業所得の収入金額・必要経費と基本的に考え方は同じです。

本章においては，不動産所得に関する特有の問題について解説していきます。

1 事業的規模か否かの判断

建物の貸付けが不動産所得を生ずべき事業として行われているかどうかは，社会通念上事業と称するに至る程度の規模で建物の貸付けを行っているかどうかにより判定しますが，次に掲げる事実のいずれか一に該当する場合又は賃貸料の収入の状況，貸付資産の管理の状況等からみてこれらの場合に準ずる事情があると認められる場合には，特に反証がない限り，事業として行われているものとします（所基通26−9）。

【不動産所得の事業規模の判定基準】
① 貸間，アパート等については，貸与することができる独立した室数がおおむね10以上であること
② 独立家屋の貸付けについては，おおむね5棟以上であること

いわゆる「5棟10室」の基準により判定します。不動産所得が事業的規模であると認められる場合には，「事業所得」として税務処理することになります。

事業的規模と認められる場合と，事業的規模と認められない場合の税務上の取扱いの違いは次のようになります。

なお，不動産所得の事業規模の判定については，2人以上の共有であっても，その不動産全体の貸付けの規模で判定します。共有持ち分で按分して判定する必要はありません。

第5章　不動産所得の収入金額・必要経費

	事業的規模と認められる場合	事業的規模に至らない規模の場合
資産損失（取壊し・除却・滅失等）	損失の金額（原価ベース）を損失の生じた年分の必要経費に算入します（所法51①）。	損失の金額（原価ベース）を損失の生じた年分の不動産所得を限度として必要経費に算入します（所法51④）。(*1)
貸倒損失	賃貸料等の貸倒れによる損失は，貸倒れが生じた年分の必要経費に算入します（所法51②）。	賃貸料等の回収不能による損失は，その収入が生じた年分にさかのぼって収入金額がなかったものとみなします（所法64①）。(*2)
青色事業専従者給与	青色事業専従者へ支払った給与のうち，労務の対価として相当なものは，その年分の必要経費に算入します（所法57①）。	適用がありません。
事業専従者控除	専従者1人につき，最高50万円（配偶者である専従者については，最高86万円）を必要経費に算入します。	適用がありません。
青色申告特別控除	一定の要件を満たす場合には，最高65万円の控除が受けられます（措法25の2③）。	最高10万円の控除となります（措法25の2①）。

＊1　災害等による損害は，選択により雑損控除の対象とすることができます。
＊2　収入がなかったものとみなされる金額は，次の①～③のうち最も低い金額となります（所令180②・所基通64-2の2）。
　　　①　回収不能金額
　　　②　所得税法64条適用前の課税標準の金額
　　　③　上記②の計算の基礎とされた不動産所得の金額

2　不動産所得の該当性

(1)　広告等のため土地等を使用させる場合の所得

　土地や家屋の屋上・側面・塀等に広告看板を設置して収入を得るといった場合の所得は，不動産所得に該当します（所基通26-5）。

(2)　借地権の存続期間の更新の対価等

　借地権等の存続期間の更新の対価として受け取る「更新料」，借地権者等の変更に伴い受け取る「名義書換料」に係る所得は，その実質が契約の更改に係るものであれば，原則として不動産所得に該当します（所基通26-6）。

141

新たに借地権を設定する場合には，譲渡所得となります（所令79）。

⑶　不動産業者が販売の目的で取得した不動産を一時的に貸し付けた場合の所得

　不動産業者が販売の目的で取得した土地，建物等の不動産を一時的に貸し付けた場合の所得は，不動産所得には該当せず，不動産事業に付随する業務から生ずる所得として，事業所得に該当します（所基通26－7）。

第5章　不動産所得の収入金額・必要経費

第5章 2 不動産所得の収入金額についての留意点

　不動産所得の収入についても，権利確定主義による収益の認識が行われる点は事業所得と同じです。

1 不動産所得の総収入金額の収入すべき時期の原則

　不動産所得の総収入金額の収入すべき時期としては，原則として，次に掲げる日に計上することとされています（所基通36-5）。

【不動産所得の総収入金額の収入すべき時期】

① 契約又は慣習により支払日が定められているものについてはその支払日，支払日が定められていないものについてはその支払を受けた日

② 請求があったときに支払うべきものとされているものについては，その請求の日

③ 賃貸借契約の存否の係争等に係る判決，和解等により不動産の所有者等が受けることとなった既往の期間に対応する賃貸料相当額については，その判決，和解等のあった日。ただし，賃貸料の額に関する係争の場合において，賃貸料の弁済のため供託された金額については，①に掲げる日

---

2 頭金，権利金等の収入すべき時期

　不動産等の貸付けをしたことに伴い一時に収受する頭金，権利金，名義書換料，更新料等に係る不動産所得の総収入金額の収入すべき時期は，その貸付けに係る契約に伴いその貸付けに係る資産の引渡しを要するものについてはその引渡しのあった日，引渡しを要しないものについてはその貸付けに係る契約の効力発生の日とします（所基通36-6）。

143

3 返還を要しなくなった敷金等の収入すべき時期

不動産等の貸付けをしたことに伴い敷金，保証金等として収受する金銭等（「敷金等」とします。）の額のうち，次に掲げる金額は，それぞれ次に掲げる日の属する年分の不動産所得の金額の計算上総収入金額に算入するものとします（所基通36－7）。

【返還を要しなくなった敷金等の収入すべき時期】

① 敷金等のうちに不動産等の貸付期間の経過に関係なく返還を要しないこととなっている部分の金額がある場合におけるその返還を要しないこととなっている部分の金額

　　⇒上記■で原則として示した日

② 敷金等のうちに不動産等の貸付期間の経過に応じて返還を要しないこととなる部分の金額がある場合におけるその返還を要しないこととなる部分の金額

　　⇒その貸付けに係る契約に定められたところにより当該返還を要しないこととなった日

③ 敷金等のうちに不動産等の貸付期間が終了しなければ返還を要しないことが確定しない部分の金額がある場合において，その終了により返還を要しないことが確定した金額

　　⇒不動産等の貸付けが終了した日

---

4 他の所得との区別

実務において，不動産所得に該当するのか，若しくは他の所得に該当するのかについて，判断が困難なケースがあります。この点を整理していきます。

(1) 食事の提供が伴う場合

例えば，アパート，貸間等のように食事を供さない場合の所得は，不動産所得に該当しますが，下宿等のように食事を供する場合の所得は，事業所得又は雑所得に

該当します（所基通26-4）。

(2)　権利金・頭金の取扱い

　借地権，地役権等の存続期間の更新の対価として支払を受けるいわゆる更新料に係る所得及び借地権者等の変更に伴い支払を受けるいわゆる名義書換料に係る所得は，その実質が契約の更改に係るものであれば不動産所得に該当します（所基通26-6）。

　特定の借地権・地役権の設定に基づく権利金，敷金等の預り金から生じる特別の経済的利益は譲渡所得になります（所令79）。

(3)　不動産業者が販売の目的で取得した不動産を一時的に貸し付けた場合

　不動産業者が販売の目的で取得した土地，建物等の不動産を一時的に貸し付けた場合のその所得は，不動産業から生ずる事業所得に該当します（所基通26-7）。

(4)　いわゆる「民泊事業」による収入の所得区分

　自己が所有する戸建住宅やマンションを利用して住宅宿泊事業法に規定する住宅宿泊事業を行うこと，いわゆる「民泊事業」による所得は，原則して雑所得に該当します。

　ただし，民泊事業による所得により生計を立てているなど，その民泊事業が，所得税法上の事業所得として行われていることが明らかな場合には，その所得は事業所得に該当します。

第5章	**3**	# 不動産所得の必要経費

① 必要経費についての原則

不動産所得は，賃貸料・礼金・権利金・更新料といった不動産収入金額から，必要経費を差し引くことで計算します（所法36②）。

不動産所得用の青色決算書の一面は，事業所得用のそれと同様に，収入金額から必要経費を差し引いていく様式になっています。

不動産所得における必要経費についても，事業所得と同様に，「費用収益対応の原則」で判定します。

② 必要経費についての留意点

不動産所得における必要経費の考え方は，事業所得のそれと基本的には同じです。ここでは，不動産所得に特有の留意点について，項目ごとに整理していきます。

(1) 貸倒引当金の計上

貸倒引当金の計上については，個別評価による計上が認められており，一括評価による計上は認められていません（所法52①②）。

(2) 土地等を取得するために要した負債の利子

土地等を取得するために要した負債の利子については，損益通算の対象外となります。したがって，不動産所得が赤字の場合は，赤字金額のうち土地等を取得するために要した借入金利子の金額は必要経費には算入することができず，切り捨てられます。そのため，青色決算書・収支内訳書の「所得金額」欄の下に特別に「土地等を取得するために要した負債の利子の額」を記載することになっています。

この処理は，不動産の貸付けが事業的規模で行っているか否かに関わらず適用されます。

146

(3) 立 退 料

　借家人が賃貸借の目的とされている家屋の立退きに際し受けるいわゆる立退料のうち，借家権の消滅の対価の額に相当する部分の金額は，譲渡所得の収入金額とされる補償金等（所令95）として譲渡所得に係る収入金額に該当します（所基通33－6）。

　不動産所得の基因となっていた建物の賃借人を立ち退かすために支払う立退料は，建物の譲渡に際し支出するもの又は建物を取壊してその敷地となっていた土地等を譲渡するために支出するものを除き，その支出した日の属する年分の不動産所得の金額の計算上必要経費に算入します（所基通37－23）。

　土地，建物等の取得に際し，土地・建物等を使用していた者に支払う立退料その他その者を立ち退かせるために要した金額は，土地・建物等の取得費又は取得価額に算入します（所基通38－11）。

(4) 不動産所得の必要経費は限定的

　不動産所得用青色決算書をみると，必要経費として勘定科目が既に印字されている欄と空欄となっている欄が，事業所得用青色決算書と比べて，少なくなっています。

　不動産所得用青色決算書では，⑤～⑪・⑰欄に勘定科目が印字されています。これは，実務上，不動産所得においての必要経費は，事業所得と比較して限定的として捉えられているともいえます。

　実際に，不動産所得における必要経費が争点となった裁決として，自動車に係る諸経費が否定された裁決例（平成30年2月1日裁決　TAINS：J110-2-08），旅費・交通費が否定された裁決例（平成28年11月1日裁決　TAINS：J105-1-02），不動産所得者と関連する同族会社への業務管理費が否定された裁決例（平成28年5月24日裁決　TAINS：F0-1-618），インターネット利用料が否定された裁決例（平成23年3月25日裁決　TAINS：J82-2-05）等々，多数あります。いずれも，発生した不動産所得との関連性を否定されている裁決例です。そもそも不動産所得は賃貸用不動産等の運用により得るものなので，自己の勤労等により得られる事業所得と比べて，認められる必要経費は限定的なものとなります。言い換えれば，不動産所得との関連性を有する必要経費は，不動産所得の本質が資産の運用の結果であることから，自ずと限定されてくるのです。

3 不動産所得の実務のポイント

　ここまでで，不動産所得の収入金額・必要経費について，整理してきましたが，重要なことは事業所得と同様に「適正に確定申告をする」ということです。

　そこで，確定申告期を迎えての作業を少しでもスムーズにするための不動産所得の実務のポイントをいくつか取り上げていきます。

(1) 不動産収入のポイント

① 更新料・権利金・名義書換料

　毎月の家賃収入以外にも，礼金・更新料・権利金・名義書換料といったものも入金されてきますので，それらを区別して計上することが必要です。不動産所得用の青色申告決算書・収支内訳書には，不動産収入の内訳として，礼金・更新料・権利金・名義書換料を明記する様式になっています。

② 家賃の月額変更に注意

　毎月の家賃収入に関しては，契約の更新等がない限り，原則として入金金額の変更はありません。しかし，契約の更新等がなかったとしても，賃貸人・賃借人の口頭による同意で増額変更・減額変更されているケースもあるので，入金された家賃収入の金額を確認する必要があります。

③ 預り金に注意

　入金されたものが保証金・敷金であれば，いずれは返還すべきものとして預り金処理しますので，これらを不動産収入として計上する必要はありません。

　ただ，保証金・敷金として，返還を要しなくなった日が契約で定められているケースがあります。敷金・保証金については，返還を要しないことが確定した日に，不動産収入として計上する必要があります。賃貸契約書等で，返還を要しなくなる日を確認する必要があります。

　不動産所得用の青色申告決算書・収支内訳書では，保証金・敷金の期末残高を明記する様式になっています。

第5章　不動産所得の収入金額・必要経費

(2)　必要経費のポイント

①　不動産所得の必要経費はそれほど変化しない

　先にも触れましたが，不動産所得の必要経費は，事業所得の必要経費と比較して，限定的に捉えられます。不動産所得は，賃貸不動産の資産運用により発生するものですから，自ずと必要経費は限定的なものとなります。

　また，実務上，毎年生じる必要経費もあまり変化がないと理解して問題ないといえます。突発的に生じるものとしては，修繕費ぐらいではないでしょうか。

②　家事費との区分

　不動産所得の必要経費が限定的であるが故に，（所得金額を圧縮しようと）元帳に家事費と思われる支出が必要経費として計上されがちではあります。この点，実務上，注意が必要です。

　例えば，賃貸不動産に課された固定資産税については，不動産所得の必要経費となりますが，その金額については銀行口座から自動引き落としとなった固定資産税を単純に集計した金額を必要経費として計上するのではなく，固定資産税の課税明細や納付済証で確認をする必要があります。自動引き落としとなった固定資産税の中には，居宅部分の固定資産税といった，家事費として処理されるものが含まれている可能性があるからです。必ず，固定資産税の課税明細や納付済証で確認をする必要があります。

　また，借入金利子についても同様です。不動産所得の必要経費として計上できる借入金利子は，賃貸不動産の取得や修繕のために生じた借入金利子が該当します。そうではない個人的借入金の利子が計上されているケースもあるので，注意が必要です。

149

第6章

変動所得・臨時所得

　所得税においては，臨時的な収入の発生のため前年分の所得と比較して本年分が大きく変動している場合，例外的な計算方法として「変動所得」「臨時所得」があります。
　所得税の実務では，適用件数も少なく，例外的な計算ともいえますが，本章において，その概要について解説していきます。

| 第6章 | 1 | **変動所得と臨時所得** |

所得税においては，変動所得と臨時所得があります。

1 変 動 所 得

変動所得とは，漁獲から生ずる所得，著作権の使用料に係る所得その他の所得で年々の変動の著しいものをいいます（所法2①二十三）。事業所得又は雑所得として確定申告します。

変動所得については，次のものをいいます（所令7の2）。

【変動所得】

① 漁獲若しくはのりの採取から生ずる所得

② はまち，まだい，ひらめ，かき，うなぎ，ほたて貝若しくは真珠（真珠貝を含む。）の養殖から生ずる所得

③ 原稿若しくは作曲の報酬に係る所得又は著作権の使用料に係る所得

ここに挙げた所得は，変動所得に該当するものとして限定列挙されています。つまり，これ以外の所得によるものは，所得の変動が著しくても変動所得として該当することはありません。

「漁獲」の意義ですが，「水産動物を捕獲すること」をいいます。したがって，例えば，こんぶ，わかめ，てんぐさ等の水産植物の採取や，こい等の水産動物の養殖は，これに含まれません（所基通2-30）。

漁獲，採取又は養殖から生ずる所得とは，自己が捕獲，採取又は養殖をした水産動物又はのりをそのまま販売することにより生ずる所得をいうのであるが，自己が捕獲，採取又は養殖をした水産動物又はのりに切断，乾燥，冷凍，塩蔵等の簡易な加工を施して販売することにより生ずる所得も，これに含まれます（所基通2-31）。

著作権の使用料に係る所得には，著作権者以外の者が著作権者のために著作物の出版等による利用に関する代理若しくは媒介をし，又は著作物を管理することにより受ける対価に係る所得は含まれません（所基通2-32）。

第6章　変動所得・臨時所得

2　臨時所得

　臨時所得とは，役務の提供を約することにより一時に取得する契約金に係る所得その他の所得で臨時に発生するものをいいます（所法2①二十四）。

　臨時所得としては，次に掲げる所得その他これらに類する所得が該当します（所令8）。

【臨時所得】

①　職業野球の選手その他一定の者に専属して役務の提供をする者の契約金で，その金額がその契約による役務の提供に対する報酬の年額の2倍に相当する金額以上であるものに係る所得

②　不動産・不動産の上に存する権利等を有する者が，3年以上の期間，他人にこれらの資産を使用させることを約することにより一時に受ける権利金，頭金その他の対価で，その金額が当該契約によるこれらの資産の使用料の年額の2倍に相当する金額以上であるものに係る所得

③　一定の場所における業務を休止・転換・廃止することとなった者が，休止・転換・廃止によりその業務に係る3年以上の期間の不動産所得，事業所得又は雑所得の補償として受ける補償金に係る所得

④　業務の用に供する資産につき災害等により被害を受けた者が，その被害を受けたことにより，その業務に係る3年以上の期間の不動産所得，事業所得又は雑所得の補償として受ける補償金に係る所得

　臨時所得については，変動所得と異なり，「これらに類する所得」とされており，例示列挙となります。

第6章	2	平 均 課 税

変動所得と臨時所得については，平均課税という課税方式により計算します。

1 平均課税の適用要件

平均課税の適用については，変動所得の金額と臨時所得の金額の合計額が，総所得金額の20％以上であることが必要です（所法90①）。

申告手続きとしては，平均課税の適用を受ける場合，確定申告書に「変動所得・臨時所得の平均課税の計算書」を添付して申告する必要があります（所法90④）。

更正の請求により平均課税の適用を受けることは，原則として認められません。例えば，当初，平均課税の適用をせずに申告をして，その後に平均課税の適用をした方が所得税額が低くなることを理由とした更正の請求で平均課税の適用をする，ということは認められません。平均課税の適用を受けるための要件として，確定申告書に平均課税の適用を受ける旨の記載と平均課税の計算明細を記載・添付することが要件となっているからです。

2 前々年・前年に適用がない場合

仮に，変動所得・臨時所得があったが通常の所得として申告した場合であっても，その申告に問題はありません。

しかし，この場合で，本年分に平均課税の適用を受けようとする際の適用要件の判定については，前々年・前年の確定申告において，それぞれの年分について平均課税の適用を受けたかどうかにかかわらず，その年分の変動所得の金額がこれら両年分の変動所得の金額の合計額の2分の1を超えているか否かで判定します。

3 平均課税の計算方法

変動所得，臨時所得に対する平均課税は，次の方法によって計算した①と②の金

額の合計額です。

【平均課税の計算方法】
・課税総所得金額から平均課税対象金額の5分の4に相当する金額を控除した金額である調整所得金額[*1]に，基本税率又は簡易税額表を適用して計算した金額（①）
・課税総所得金額から調整所得金額を控除した金額（これを「特別所得金額」とする。）に平均税率[*2]を適用して計算した金額（②）
　*1　課税総所得金額が平均課税対象金額以下の場合には，その課税総所得金額の1/5に相当する金額となります。
　*2　平均税率は，次の算式によって求めます。
　　　平均税率＝調整所得金額に対する税額÷調整所得金額

第7章

所得税の納税額・還付額の確定と予定納税

　所得金額を確定させ，所得控除の適用を受けた後に，課税所得金額が決定し，それに所得税率をかけて所得税額を算出します。
　所得税の実務として重要なのは，税率を乗じる課税所得金額の確定であって，所得税額の算出は，税率を乗じるだけの形式的な作業ともいえますが，実際にどのように納税するのか，来年分の予定納税額はどのように決定されてくるのかは，実務上重要な事項です。

| 第7章 | 1 | 納税額・還付額の確定 |

課税標準となる所得金額を確定させ，その所得金額を税率表に当てはめて，所得税額を計算します。

所得税の税率構造は，「超過累進税率」の構造になっています。超過累進税率は，課税標準を段階的に区分し，その区分した一定の金額を超える部分について順次高率となっているような税率を適用する税率です。

超過累進税率は，「担税力に応じた税負担の配分の要請に最もよく適合する」税率構造といわれています。

所得税の税率表は，下記のとおりです。

図表7−1　　所得税の税率表

課税される所得金額	税率	控除額
1,000 円から　　1,949,000 円まで	5%	0 円
1,950,000 円から　3,299,000 円まで	10%	97,500 円
3,300,000 円から　6,949,000 円まで	20%	427,500 円
6,950,000 円から　8,999,000 円まで	23%	636,000 円
9,000,000 円から　17,999,000 円まで	33%	1,536,000 円
18,000,000 円から　39,999,000 円まで	40%	2,796,000 円
40,000,000 円以上	45%	4,796,000 円

山林所得については，別の税額表になっています。山林所得については，下記の税率表が適用されます。

図表7-2　山林所得の税率表

課税される所得金額		税率	控除額
1,000円から	9,749,000円まで	5%	0円
9,750,000円から	16,499,000円まで	10%	487,500円
16,500,000円から	34,749,000円まで	20%	2,137,500円
34,750,000円から	44,999,000円まで	23%	3,180,000円
45,000,000円から	89,999,000円まで	33%	7,680,000円
90,000,000円から	199,999,000円まで	40%	13,980,000円
200,000,000円以上		45%	23,980,000円

平成25年から令和19年までの各年分については，所得税額に2.1%の税率を乗じて計算される「復興特別所得税」が加算されます。

【記入例】

〔納税となる場合〕　　　　　　　　　〔還付となる場合〕

第7章 2 予定納税額

1 予定納税制度について

　所得税の実務においては，当年度分の納税額・還付税額を確定し申告することが重要ですが，気に留めておきたいのはその翌年の予定納税が生じるか否かです。

　予定納税は，予定納税基準額が15万円以上ある場合に必要となります（所法104）。予定納税基準額は，次の算式に基づいて計算されます。

予定納税基準額の 計算式	調整後所得税額　－　源泉徴収税額 　　　　　　　　　　　＝　予定納税基準額

　調整後所得税額とは，前年分の所得に，譲渡所得・一時所得・雑所得・雑所得に該当しない臨時所得・山林所得や退職所得等の分離課税の所得金額がないものとして計算した課税総所得金額に係る所得税額をいいます（所法104①一）。

　源泉徴収税額とは，源泉徴収された金額をいいます。

2 予定納税の納期と金額

　予定納税の納期が，第一期・第二期とあり，第一期の納期は「7月1日から7月31日」で，第二期の納期は「11月1日から11月31日」となっています。

　予定の税の金額は，予定納税基準額の3分の1ずつです。

　予定納税をした者は，第三期の納期である3月15日までにする確定申告において，予定納税額を所得税の前払い分として，確定した年税額と相殺します。

3 予定納税額の減額申請

　予定納税基準額は，あくまでも前年度の所得税額によって，機械的に定まってきます。しかし，特に事業所得においては，業況不振などのため，本年分の所得が前

第7章　所得税の納税額・還付額の確定と予定納税

年分の所得よりも明らかに少なくなると見込まれることがあります。

このような場合には，その年の6月30日の現況によりその年の申告納税額を見積もり，第一期・第二期の予定納税額を減額する場合には7月15日までに，第二期の予定納税額を減額する場合には11月15日までに，税務署に「予定納税額の減額申請書」を提出し，その承認を受ける必要があります（所法111・同112）。

この承認ですが，調査により承認又は却下の決定がされることになっています（所法113①）が，減額申請の理由が，次の事由によるものであれば，調査を経ずとも必ず承認しなければならないことになっています（所法113②）。

【予定納税額の減額申請が承認されるべき事由】
・その申請に係る申告納税見積額の計算の基準となる日までに生じた事業の全部若しくは一部の廃止，休止若しくは転換，失業，災害等による損害
・医療費の支払により，申告納税見積額が予定納税基準額に満たなくなると認められる場合
・申告納税見積額の計算の基準となる日の現況による申告納税見積額が，予定納税基準額の10分の7に相当する金額以下となると認められる場合

ATTENTION!

所得税の納税方法

　所得税の納税方法として，納付書を持参して金融機関の窓口で納める方法や，最近ではQRコードを利用してコンビニエンスストアで納付する方法，インターネットを利用した電子納付，といった方法があります。
　納税方法のひとつとして，振替納税（納税額が金融機関の口座預金から自動的に引き落とされる方法）があります。この納税方法を利用する場合には，確定申告書の提出先である所轄税務署に振替納税依頼書を提出する必要があります。一度，振替納税依頼書を提出すれば，それ以後はずっと振替納税を利用することができます。
　ただ，振替納税で注意をしておきたいのは，「引越しをした場合」です。

161

引越しをして，確定申告書の提出先である所轄税務署が変わる場合，再度改めて，新しい所轄税務署へ振替納税依頼書の提出をする必要があります。
　この手続きを失念したばかりに，後に「督促状が届いてしまった」というケースもありますので，注意が必要です。

第8章

税額控除

　確定された所得税額から差し引くことができる「税額控除」があります。税額控除としては，実務上，「配当控除」「外国税額控除」「政党等寄附金特別控除」があります。
　そして，実務上，最も取扱件数が多いといえる「住宅借入金等特別控除」があります。住宅借入金等特別控除については，取得する家屋形態・要件等で様々な制度が用意されていますので，要件を中心に整理していきます。

第8章	1	配当控除

　所得税においては，様々な税額控除が用意されています。本書では，実務での適用が多い「配当控除」「外国税額控除」「住宅借入金等特別控除」について説明をします。

◼ 配当控除とは

　居住者が剰余金の配当等の配当所得を有する場合には，その居住者のその年分の所得税額から，一定の金額を控除することが認められています（所法92）。

　配当控除の対象となる配当控除は，次に掲げた配当所得です。

【配当控除の対象となる配当所得】
① 剰余金の配当
② 利益の配当
③ 剰余金の分配
④ 金銭の分配
⑤ 証券投資信託の収益の分配
⑥ 一般外貨建等証券投資信託の収益の分配（措法9④）

◼ 配当控除の計算

　配当控除の計算は，次のようになります（所法92）。

---
(1) 課税所得金額等が1,000万円以下の場合

　　配当所得の金額×10％＝配当控除の金額

(2) 課税所得金額等が1,000万円を超える場合

　　イ　1,000万円を超える部分の配当所得の金額×5％

　　ロ　上記イ以外の部分の配当所得の金額×10％

　　ハ　イ＋ロ＝配当控除の金額

第8章　税額控除

3　配当控除の実務上の留意点

(1)　「有価証券取引報告書」で確認する

　配当所得・配当控除については，証券会社等から発行される有価証券取引報告書に基づいて確定申告書を作成します。

(2)　配当控除の対象外の配当所得

　次に掲げる配当所得については，配当控除の対象となりませんので注意が必要です。

【配当控除の対象とならない配当所得】

①　外国法人から受ける配当（所法92①）

②　基金利息

③　特定受益証券発行信託の収益の分配

④　オープン型証券投資信託の収益の分配のうち，信託財産の元本の払戻し相当額（所法9①十一）

⑤　公募公社債等運用投資信託等の配当等（措法9①二）

⑥　外国株価指数連動型特定株式投資信託の収益の分配（措法9①三）

⑦　特定外貨建等証券投資信託の収益の分配（措法9①四）

⑧　適格機関投資家私募による証券投資信託のうち，法人課税信託に該当するものから受ける配当等（措法9①五イ）

⑨　特定目的信託から受ける配当等（措法9①五ロ）

⑩　特定目的会社から受ける配当等（措法9①六）

⑪　投資法人から受ける配当等（措法9①七）

⑫　申告分離課税を選択した上場株式等の配当等（措法8の4①）

⑬　確定申告をしないことを選択した配当（措法8の5①）

　「⑬確定申告をしないことを選択した配当」についてですが，確定申告を選択することで源泉所得税が還付となるケースもあるので，有利不利の判断が，実務上，必要となります。

165

第8章	**2**	**外国税額控除**

☐ 外国税額控除とは

わが国の所得税は，所得の発生が国内であるか国外であるかを問わず，全世界で発生した所得に対して課税されます。

国外で発生した所得については，その国で所得税に相当する課税（外国所得税）がされている場合，日本でも同じ所得に課税すると，国際間で二重課税の状態となってしまいます。

そこで，この国際間での二重課税を調整するために「外国税額控除」（所法95）という制度が設けられています。

☐ 外国税額控除の控除額

外国税額控除は，次のように計算されます。

【外国税額控除の控除額】

次の①又は②のいずれか低い金額

① その外国所得税額

② 控除限度額

$$\text{配当控除及び措置法の税額控除後の算出税額} \times \frac{\text{国外所得総額}}{\text{合計所得金額}} \, (*) \, = \, \text{控除限度額}$$

* 100/100を限度とします。

☐ 外国税額控除の実務上の留意点

⑴ 必要経費に算入するか，税額控除の適用を受けるかは選択制

外国所得税がある場合，それについて必要経費に算入するか，外国税額控除の適用を受けるかは選択制となっており，どちらか有利な方法を選択することができます。

外国所得税が発生した各年ごとに，その年中に確定した外国所得税の額の全部について行わなければなりません（所法46・所基通46-1・同95-1）。発生した所得によりそれぞれ選択することは認められません。

(2) 利子所得・配当所得・給与所得・退職所得・譲渡所得で発生した外国所得税は税額控除のみ

外国所得税について，必要経費算入が認められるのは，不動産所得・事業所得・山林所得・一時所得・雑所得に限られます。これらは所得金額の計算において，収入金額に対応する必要経費を差し引くことになっているからです。

利子所得・配当所得・給与所得・退職所得・譲渡所得の所得計算においては，必要経費がそもそも考慮されないので，これらで発生した外国所得税について二重課税を調整する方法としては外国税額控除しかありません。

したがって，利子所得・配当所得・給与所得・退職所得・譲渡所得に係る外国所得税について税額控除の適用を受ける場合には，同時に，不動産所得・事業所得・山林所得・一時所得・雑所得に係る外国所得税についても税額控除の適用を受けることになります。

また，不動産所得・事業所得・山林所得・一時所得・雑所得に係る外国所得税を必要経費に算入する場合には，利子所得・配当所得・給与所得・退職所得・譲渡所得に係る外国所得税について税額控除の適用を受けることはできません。

複数の所得にかかって外国所得税が発生している場合には，必要経費算入か税額控除の適用かでどちらが有利か不利かの判断をする必要があります。

ATTENTION!

外国株式の配当金と外国税額控除

確定申告の実務において，外国税額控除の適用が必要となるケースは例外的と思われがちですが，海外投資による配当所得の発生も珍しくなくなってきた昨今においては，外国税額控除の適用が必要となる確定申告も増えてきました。

海外投資による配当所得については外国税額控除の適用を受ける場

合，証券会社から発行される「外国株式等配当金等のご案内（支払調書）」に基づいて外国税額の集計・計算を行います。そして，外国税額控除に関する明細書の「外国所得税額の内訳」を作成し，なおかつ，その支払調書を添付して，確定申告書を提出する必要があります。

第8章　税額控除

第8章 3 政党等寄附金特別控除

　政党・政治資金団体に対する政治献金で一定のものについては，下記の計算式に従って，税額控除が認められます。

計算式	$\left(\begin{array}{l}\text{その年中に支出した}\\\text{政党等に対する寄附}\\\text{金の額の合計額}\end{array} - 2,000円\right) \times 30\% = 税額控除$

　政治献金については，「寄附金控除」を受けるか，税額控除を受けるか，どちらか有利な方を選択することができます。

169

第8章 4 住宅の取得等に係る税額控除の制度

　住宅ローン等を利用して，住宅の新築・取得・増改築をした場合，一定の要件を満たすときは，その取得等に係る住宅ローン等の年末残高の合計額等を基として計算した金額を，居住の用に供した年分以後の各年分の所得税額から控除することを認める税額控除の制度があります。

　所得税の確定申告実務において，税額控除の適用としては最もポピュラーな制度といえるのではないでしょうか。これについては，新築・取得・増改築の状況によって，適用されるものが様々あります。

　また，住宅ローン等を利用しない場合であっても，個人が既存住宅について一定の要件を満たす①住宅耐震改修をしたとき，②バリアフリー改修工事や省エネ改修

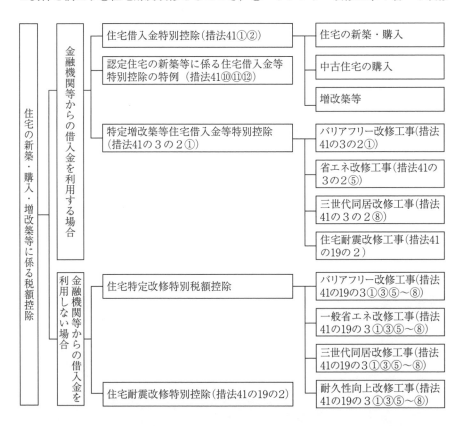

工事，多世帯同居改修工事，耐久性向上改修工事をしたとき又は③認定住宅の新築等をしたときは，それぞれ所定の方法で計算した金額を，その年分の所得税額から控除する「住宅耐震改修特別控除」，「住宅特定改修特別税額控除」「認定住宅新築等特別税額控除」があります。

　住宅の取得等に係る税額控除の制度を纏めれば，次のようになります。なお，東日本大震災によって被害を受けたことにより住宅の再取得をした場合には，住宅の再取得等に係る住宅借入金等特別控除の控除額の特例（震災特例法13）がありますが，本書においては割愛します。

　住宅の取得等に係る税額控除の制度は，適用要件が様々です。実務上，その住宅の取得等が税額控除の要件を満たしているか否かの判断が重要となります。この判断については，素人判断せずに，住宅メーカーや担当した建築士等の施工に従事した専門家に確認することが有効です。

　ただ，住宅の取得等に係る税額控除の制度としてどのようなものがあるのかについて理解をしておくことは重要ですので，制度の概要を整理していきます。

■ 住宅借入金特別控除

(1) 住宅の新築・購入

① 適用要件

　新築住宅を所得した場合に住宅借入金等特別控除の適用を受ける要件は，次の要件をすべて満たすときです。

　なお，居住の用に供した年とその前後の2年ずつの5年間に，居住用財産を譲渡した場合の長期譲渡所得の課税の特例等の適用を受けている場合には，この特別控除の適用はできません。

【住宅借入金等特別控除の適用要件】

① 　住宅取得後，6カ月以内に居住の用に供し，適用を受ける各年の12月31日まで引き続いて住んでいること

② 　新築又は取得をした住宅の床面積が50㎡以上であること

③ 　床面積の2分の1以上の部分が専ら自己の居住の用に供するものであるこ

と

④ 控除を受ける年分の合計所得金額が3,000万円以下であること

⑤ 民間の金融機関や独立行政法人住宅金融支援機構等の住宅ローン等を利用していること

⑥ 住宅ローン等の返済期間が10年以上で，分割して返済すること

② 控除期間及び控除額の計算方法

居住開始年月日	控除率	年間控除限度額	控除期間
H21.1.1～H22.12.31	年末借入金残高×1%	500,000円	10年
H23.1.1～H23.12.31	年末借入金残高×1%	400,000円	10年
H24.1.1～H24.12.31	年末借入金残高×1%	300,000円	10年
H25.1.1～H25.12.31	年末借入金残高×1%	200,000円	10年
H26.1.1～R3.12.31(*)	年末借入金残高×1%	400,000円	10年

* 住宅の取得等が特定取得以外の場合は，年間控除限度額が200,000円になります。「特定取得」とは，住宅の取得等の対価の額又は費用の額に含まれる消費税額等が8%の税率により課されるべき消費税等である場合におけるその住宅の取得等のことです。

③ 確定申告で必要な添付書類

控除を受ける最初の年は，必要事項を記載した確定申告書に，次の書類を添付する必要があります。

【添付書類】

① （特定増改築等）住宅借入金等特別控除額の計算明細書

② 住宅取得資金に係る借入金の年末残高等証明書（2か所以上から交付を受けている場合は，そのすべての証明書）

③ 家屋の登記事項証明書

④ 請負契約書の写し

⑤ 売買契約書の写し等（家屋の取得年月日・取得価額・床面積・取得家屋の敷地であることを明らかにする書類）

⑥ 給与所得者の場合には，給与所得の源泉徴収票

2年目以後の年分は，必要事項を記載した確定申告書に「（特定増改築等）住宅借入金等特別控除額の計算明細書」のほか，「住宅取得資金に係る借入金の年末残高

第8章 税額控除

等証明書」を添付して提出すればよいことになっています。

④ 実務上の留意点

イ 床面積の判断

住宅借入金等特別控除の要件として，「新築又は取得をした住宅の床面積が50m²以上」であることが挙げられます。

この床面積についての判断のポイントは次の点です。

【床面積についての判断のポイント】

・床面積は，登記簿に表示されている床面積により判断します。

・マンションの場合は，階段や通路など共同で使用している部分（共有部分）については床面積に含めず，登記簿上の専有部分の床面積で判断します。

・店舗や事務所などと併用になっている住宅の場合は，店舗や事務所などの部分も含めた建物全体の床面積によって判断します。

・夫婦や親子などで共有する住宅の場合は，床面積に共有持分を乗じて判断するのではなく，ほかの人の共有持分を含めた建物全体の床面積によって判断します。

ロ 借入金について

計算の基となる住宅借入金は，金融機関等からの借入金です。該当する借入金の場合には，貸付先である金融機関等から，「住宅取得に係る借入金の残高証明書」が発行されますので，実務上はそれに基づいて計算・申告します。親族や知人からの借入金は，この特別控除の対象となる借入金には該当しません。

ハ 給与所得者の場合

給与所得者については，2年目以後の年分は，年末調整でこの特別控除の適用を受けます。この場合，勤務先に提出する書類は次のとおりです。

【給与所得者が取得後2年目以後に年末調整で適用を受ける場合の提出書類】

① 適用初年度の確定申告後に税務署から送付される「年末調整のための（特定増改築等）住宅借入金等特別控除証明書」

② 給与所得者の（特定増改築等）住宅借入金等特別控除申告書

③ 住宅取得資金に係る借入金の年末残高等証明書

---

(2) 中古住宅の購入

① 概要と適用要件

住宅借入金等特別控除は，新築に限られず，個人が中古住宅を取得した場合も，住宅借入金等特別控除の適用を受けることができます。

中古住宅を取得した場合で，住宅借入金等特別控除の適用を受けることができる要件は，次の全ての要件を満たすときです。

【中古住宅を取得した場合の住宅借入金等特別控除の適用要件】

① 建築後使用されたものであること

② 上記「**1**(1) 住宅の新築・購入」の要件である①～⑥の要件を満たすこと

③ 次のいずれかに該当する住宅であること

　イ　家屋が建築された日からその取得の日までの期間が20年（マンションなどの耐火建築物の建物の場合には25年）以下であること

　ロ　耐震基準に適合する建物であること

　ハ　耐震基準に適合しない中古住宅を取得した場合で，耐震改修を行うことについて申請をし，かつ，居住の用に供した日までにその耐震改修により家屋が耐震基準に適合することにつき証明がされたもの

なお，中古住宅であっても，「取得の時に生計を一にしており，その取得後も引き続き生計を一にする親族や特別な関係のある者などからの取得」「贈与による取得」の場合には，適用されません。

② 控除期間及び控除額の計算方法

上記「(1)　新築・購入」と同じです。

③ 添付書類

控除を受ける最初の年分は，必要事項を記載した確定申告書に，次に掲げる書類を確定申告書に添付して提出する必要があります。

【添付書類】

① （特定増改築等）住宅借入金等特別控除額の計算明細書

② 住宅取得資金に係る借入金の年末残高等証明書（2か所以上から交付を受けている場合は，その全ての証明書）

---

③ 家屋の登記事項証明書

④ 請負契約書の写し

⑤ 売買契約書の写し等（家屋の取得年月日・取得価額・床面積・取得家屋の
敷地であることを明らかにする書類）

⑥ 住宅借入金等が債務の承継に関する契約に基づく債務であるときは，その
契約に係る契約書の写し

⑦ 地震に対する安全上必要な構造方法に関する基準に適合する証明書

⑧ 給与所得者の場合は，給与所得の源泉徴収票

(3) 増 改 築 等

① 概要と適用要件

　個人が住宅ローン等を利用して，マイホームの増改築をし，令和3年12月31日まで
でに自己の居住の用に供した場合で一定の要件を満たす場合において，その取得等
に係る住宅ローン等の年末残高の合計額等を基として計算した金額を，居住の用に
供した年分以後の各年分の所得税額から控除します。

　個人が増改築等をした場合で，住宅借入金等特別控除の適用を受けることができ
るのは，次のすべての要件を満たすときです。

【増改築等をした場合の，住宅借入金等特別控除の適用要件】

① 自己が所有し，かつ，自己の居住の用に供する家屋について行う増改築等
であること

② 増改築等をした後の家屋の床面積（登記面積）が50㎡以上で，かつ上記
「**1**(1) 住宅の新築・購入」で挙げた①③〜⑥の要件に当てはまること

③ 一定の大規模工事(*)に該当する工事で，建築士等が発行する増改築等工
事証明書などにより証明されたものであること

④ 増改築等の工事費用が100万円を超えるものであること

⑤ 自己の居住の用に供される部分の工事費用が，増改築等の工事費用の総額
の2分の1以上であること

＊ 一定の大規模工事には，「増築，改築，大規模な修繕，大規模の模様替えの工事」

「区分所有部分の床，階段，壁の過半について行う一定の修繕・模様替えの工事」「家屋のうち居室，調理室，浴室，便所，洗面所，納戸，玄関又は廊下の一室の床又は壁の全部について行う修繕・模様替えの工事」「地震に対する安全性に係る基準に適合させるための一定の修繕・模様替えの工事」「一定のバリアフリー改修工事」「一定の省エネ改修工事」が該当します。

② 控除期間及び控除額の計算方法

上記「(1)　新築・購入」と同じです。

③ 添 付 書 類

控除を受ける最初の年分は，必要事項を記載した確定申告書に，次に掲げる書類を確定申告書に添付して提出する必要があります。

【添付書類】
① （特定増改築等）住宅借入金等特別控除額の計算明細書
② 住宅取得資金に係る借入金の年末残高等証明書（2か所以上から交付を受けている場合は，その全ての証明書）
③ 建築確認済証の写し，検査済証の写し又は増改築等工事証明書
④ 家屋の登記事項証明書
⑤ 請負契約書の写し等で，増改築等をした年月日，費用の額，家屋の床面積及び家屋の増改築等が特定取得に該当する場合にはその該当する事実を明らかにする書類
⑤ 給与所得者の場合は，給与所得の源泉徴収票

2 認定住宅の新築等に係る住宅借入金等特別控除の特例

(1) 概要と適用要件

認定住宅の新築又は建築後使用されたことのない認定住宅の取得をして，平成21年6月4日から令和3年12月31日までの間に自己の居住の用に供した場合に適用される住宅借入金控除です。

認定住宅とは，認定長期優良住宅（長期優良住宅の普及の促進に関する法律に規定する認定長期優良住宅に該当する家屋）又は，認定低炭素住宅（都市の低炭素化

の促進に関する法律に規定する低炭素建築物に該当する家屋又は同法の規定により低炭素建築物とみなされる特定建築物に該当する家屋）をいいます。

【適用要件】
① 「**1**(1) 住宅の新築・購入」で挙げた適用要件①〜⑥に当てはまること
② 新築又は購入した家屋が認定住宅であることについて，認定通知書等で証明されたものであること

---

(2) 控除期間及び控除額の計算方法

居住開始年月日	控除率	年間控除限度額	控除期間
H21.6.4〜H23.12.31	年末借入金残高×1%	600,000円	10年
H24.1.1〜H24.12.31	年末借入金残高×1%	400,000円	10年
H25.1.1〜H25.12.31	年末借入金残高×1%	300,000円	10年
H26.1.1〜R3.12.31	年末借入金残高×1%	500,000円	10年

(3) 添 付 書 類

控除を受ける最初の年分は，必要事項を記載した確定申告書に，次に掲げる書類を確定申告書に添付して提出する必要があります。

【添付書類】
① 「**1**(1) 住宅の新築・購入」に挙げた添付書類
〔認定長期優良住宅の場合〕
② その家屋に係る長期優良住宅建築等計画の認定通知書の写し
③ 住宅用家屋証明書若しくはその写し又は認定長期優良住宅建築証明書
〔認定低炭素建築物の場合〕
④ その家屋に係る低炭素建築物新築等計画の認定通知書の写し
⑤ 住宅用家屋証明書若しくはその写し又は認定低炭素住宅建築証明書
〔低炭素建築物とみなされる特定建築物〕
⑥ 特定建築物用の住宅用家屋証明書

③　特定増改築等住宅借入金等特別控除

　特定増改築等住宅借入金等特別控除の対象となる工事は，「バリアフリー改修工事」「省エネ改修工事」「三世代同居改修工事」「住宅耐震改修工事」です。

(1)　バリアフリー改修工事

①　概要と適用要件

　特定増改築等住宅借入金等特別控除とは，個人が住宅ローン等を利用して，自己が所有している居住用家屋に一定のバリアフリー改修工事等をし，一定の要件を満たす場合において，その特定の増改築等に係る住宅ローン等の年末残高の合計額等を基として計算した金額を，居住の用に供した年分以後の各年分の所得税額から控除するものです。

　一定のバリアフリー改修工事をした場合で，特定増改築等住宅借入金等特別控除の適用を受けることができるのは，次のすべての要件を満たすときです。

【特定増改築等住宅借入金等特別控除の適用要件】

①　「■(1)　住宅の新築・購入」で挙げた要件である①③～⑤，及び「■(3)　増改築等」で挙げた⑩⑭の要件に当てはまること

②　増改築等をした後の住宅の床面積が50㎡以上であること

③　住宅ローン等の返済期間が5年以上で，分割して返済すること（独立行政法人住宅金融支援機構からの借入金の場合は，債務者の死亡時に一括で返済するものを含みます。）

④　この控除を受ける者が特定個人(＊)であること

⑤　廊下の拡幅，階段の勾配の緩和等のバリアフリー改修工事を含む⑫の増改築等で，建築士等が発行する証明書により証明されたもの

⑥　バリアフリー改修工事の費用の額が50万円を超えるものであること

　＊　特定個人とは，(イ)50歳以上の者(ロ)要介護又は要支援の認定を受けている者(ハ)障害者である者(ニ)高齢者等(ロ若しくはハに当てはまる者又は65歳以上の者)である親族と同居を常況とする者のいずれかに当てはまる者をいいます。

---

② 控除期間及び控除額の計算方法

居住開始年月日	各年分の控除額	最高控除限度額	控除期間
H20.4.1～H26.3.31	A（最高200万円）×2% ＋（B−A）×1％＝控除額	120,000円	5年
H26.4.1～R3.12.31	A（最高250万円）×2% ＋（B−A）×1％＝控除額	125,000円	5年

A…特定増改築等住宅借入金等の残高の合計額
B…増改築等住宅借入金等の残高の合計額（最高1,000万円）

③ 添 付 書 類

　控除を受ける最初の年分は，必要事項を記載した確定申告書に，次に掲げる書類を確定申告書に添付して提出する必要があります。

【添付書類】

①　（特定増改築等）住宅借入金等特別控除額の計算明細書

②　住宅取得資金に係る借入金の年末残高等証明書（2か所以上から交付を受けている場合は，そのすべての証明書）

③　家屋の登記事項証明書，請負契約書の写し等で増改築等をした年月日・費用の額・床面積・増改築等が特定取得に該当する場合にはその該当する事実を明らかにする書類

④　増改築等工事証明書

⑤　給与所得者の場合は，給与所得の源泉徴収票

---

(2) 省エネ改修工事

① 概要と適用要件

　個人が住宅ローン等を利用して，自己が所有している居住用家屋に一定の省エネ改修工事等を行った場合に，居住の用に供した年分以後の各年分の所得税額から控除するものです。

【適用要件】

①　上記「**3**(1)　バリアフリー工事」の要件である①②に当てはまること

② 住宅ローン等の返済期間が5年以上で，分割して返済すること

③ 「省エネ改修工事」「特定省エネ改修工事」である増改築等で，増改築等証明書により証明がされたものであること

④ 省エネ改修工事又は特定省エネ改修工事の工事費用が50万円を超えるものであること

② 住宅借入金等特別控除の控除期間及び控除額の計算方法

上記「(1) バリアフリー改修工事」と同じです。

③ 添 付 書 類

控除を受ける最初の年分は，必要事項を記載した確定申告書に，次に掲げる書類を確定申告書に添付して提出する必要があります。

【添付書類】

① （特定増改築等）住宅借入金等特別控除額の計算明細書

② 住宅取得資金に係る借入金の年末残高等証明書（2か所以上から交付を受けている場合は，そのすべての証明書）

③ 家屋の登記事項証明書

④ 請負契約書の写し等で，増改築等をした年月日・費用の額・床面積・増改築等が特定取得に該当する場合にはその該当する事実を明らかにする書類

④ 増改築等工事証明書

⑥ 給与所得者の場合は，給与所得の源泉徴収票

(3) 多世代同居改修工事

① 概要と適用要件

個人が住宅ローン等を利用して，自己が所有している居住用家屋について一定の多世帯同居改修工事を含む増改築等をした場合に，居住の用に供した年分以後の各年分の所得税額から控除するものです。

【適用要件】

① 「**3**(1) バリアフリー工事」に挙げた要件である①②に当てはまること

第8章　税額控除

② 住宅ローン等の返済期間が5年以上で，分割して返済すること

③ 調理室・浴室・便所・玄関のいずれかを増設する工事を含む増改築工事で，増改築等工事証明書により証明がされたものであり，改修後，調理室・浴室・便所・玄関のうちいずれか2以上の室がそれぞれ複数になること

④ 多世帯同居改修工事の費用の額(*)が50万円を超えるものであること

　＊ 改修工事の費用について補助金等の交付を受ける場合には，その額を差し引きます。

② 控除期間及び控除額の計算方法

各年分の控除額	最高控除限度額	控除期間
A（最高250万円）×2% +（B−A）×1% ＝控除額	125,000円	5年

A…特定増改築等住宅借入金等の残高の合計額
B…増改築等住宅借入金等の残高の合計額（最高1,000万円）

③ 添 付 書 類

　控除を受ける最初の年分は，必要事項を記載した確定申告書に，次に掲げる書類を確定申告書に添付して提出する必要があります。

【添付書類】

① （特定増改築等）住宅借入金等特別控除額の計算明細書

② 住宅取得資金に係る借入金の年末残高等証明書（2か所以上から交付を受けている場合は，そのすべての証明書）

③ 家屋の登記事項証明書，請負契約書の写し等で増改築等をした年月日・費用の額・床面積・増改築等が特定取得に該当する場合にはその該当する事実を明らかにする書類

④ 増改築等工事証明書

⑤ 給与所得者の場合は，給与所得の源泉徴収票

4 住宅特定改修特別税額控除

　この節では，住宅ローン等を利用しない場合に適用できる税額控除について整理していきます。税額控除の金額の計算の基となるのは，工事費用です。

181

この税額控除の対象となる工事は，「住宅耐震改修工事」「バリアフリー改修工事」「一般省エネ改修工事」「三世代同居改修工事」「耐久性向上改修工事」が対象となります。

全ての工事に共通した要件に加えて，それぞれの工事内容に即した要件が定められております。

共通した要件をまずは確認し，それぞれの要件と概要を整理していきます。

(1) 住宅特定改修特別税額控除に共通した要件

共通した要件として，次のものが挙げられます。

【共通した要件】

① 自己の所有している家屋で，自己の居住の用に供するものの改修工事であること

② 改修工事後，6カ月以内に入居していること

③ 改修工事をした後の家屋の床面積が50㎡であること

④ 床面積の2分の1以上が，専ら自己の居住の用に供されるものであること

⑤ 控除を受ける年の所得金額が3,000万円以下であること

⑥ 自己の居住の用に供される部分の工事費用の額が50万円を超えるものであること

---

(2) 住宅耐震改修工事

① 概要と適用要件

平成18年4月1日から令和3年12月31日までの間に，自己の居住の用に供する家屋について住宅耐震改修をした場合に，一定の金額をその年分の所得税額から控除するものです。

なお，この特別控除と住宅借入金等特別控除の，いずれの適用要件も満たしている場合には，この特別控除と住宅借入金等特別控除の両方について適用を受けることが認められます。

第8章　税額控除

【適用要件】

① 昭和56年5月31日以前に建築された家屋であること

② 一定の耐震基準に適合させるための住宅耐震改修工事であることが証明されたものであること

③ 耐震改修工事の標準的な費用が50万円を超えること

② 控除額の計算方法

イ　新消費税率により課される場合(*)

住宅耐震改修工事に係る耐震工事の標準的な費用（最高250万円）

　　　　　　　　　　　　　　　　× 　10% 　= 　控除額

ロ　上記イ以外の場合

住宅耐震改修工事に係る耐震工事の標準的な費用（最高200万円）

　　　　　　　　　　　　　　　　× 　10% 　= 　控除額

＊ 平成26年4月1日から令和3年12月31日までの間に行われた住宅耐震改修工事で，その工事に要した費用の額に含まれる消費税等が，消費税率の引き上げ後の税率により課されるべき消費税等である場合には，標準的な費用の上限額は250万円となり，それ以外の場合は200万円となります。

③ 添 付 書 類

控除を受ける場合には，必要事項を記載した確定申告書に，次に掲げる書類を確定申告書に添付して提出する必要があります。

【添付書類】

① 住宅耐震改修特別控除額の計算明細書

② 増改築等工事証明書又は住宅耐震改修証明書

③ 家屋の登記事項証明書

④ 給与所得者の場合は，給与所得の源泉徴収票

183

⑶ バリアフリー改修工事

① 概要と適用要件

住宅ローン等の利用をすることなく，バリアフリー改修工事をした場合，住宅特定改修特別税額控除の適用が受けられます。

これは，特定個人が，自己が所有している居住用家屋について一定のバリアフリー改修工事を行った場合において，当該家屋を平成21年4月1日から令和3年12月31日までの間にその者の居住の用に供したときに，一定の要件の下で，一定の金額をその年分の所得税額から控除するものです。

【適用要件】

① バリアフリー改修工事(*1)を行う者が，次のいずれかに該当する特定個人(*2)であること

② バリアフリー改修工事で増改築等工事証明書により証明がされたものであること

③ バリアフリー改修工事に係る標準的な費用の額が50万円を超えるものであること。

* 1 バリアフリー改修工事に該当する工事は「廊下の拡幅」「階段の勾配の緩和」「浴室改良」「便所改良」「手すりに設置」「屋内の段差の解消」「引き戸への取換え工事」「床表面の滑り止め化」が該当します。
* 2 特定個人とは，「50歳以上の者」「介護保険法に規定する要介護又は要支援の認定を受けている者」「所得税法上の障害者である者」「65歳以上の者である親族と同居を常況としている者」のいずれかに該当する者をいいます。

② 控除額の計算方法

バリアフリー改修工事の標準的な費用の額（最高200万円）

× 10% ＝ 控除額

③ 添付書類

控除を受ける場合には，必要事項を記載した確定申告書に，次に掲げる書類を確定申告書に添付して提出する必要があります。

第8章　税額控除

【添付書類】

① 　住宅特定改修特別税額控除額の計算明細書

② 　増改築等工事証明書

③ 　家屋の登記事項証明書など家屋の床面積が50m²以上であることを明らか
にする書類

④ 　介護保険の被保険者証の写し

⑤ 　給与所得者の場合は，給与所得の源泉徴収票

(4)　一般省エネ改修工事

① 　概要と適用要件

　住宅ローン等の利用をすることなく，省エネ改修工事をした場合も住宅特定回収
特別税額控除の適用を受けることができます。

　自己が所有している居住用家屋について一般省エネ改修工事を行った場合におい
て，当該家屋を平成21年4月1日から令和3年12月31日までの間にその者の居住の
用に供したときに，その年分の所得税額から控除できます。

【適用要件】

① 　一般省エネ改修工事(*)であり，増改築等工事証明書により証明がされた
ものであること。

② 　一般省エネ改修工事に係る標準的な費用の額が50万円を超えるものであ
ること。

　＊ 　窓や壁を改修工事することにより住宅全体の断熱性能を高める工事をいいます。

② 　住宅借入金等特別控除の控除額の計算方法

一般省エネ改修工事の標準的な費用の額(*)　×　10%　＝　控除額

　＊ 　最高250万円ですが，太陽光発電設備設置工事が含まれる場合は最高350万円です。

③ 　添付書類

　控除を受ける場合には，必要事項を記載した確定申告書に，次に掲げる書類を確

185

定申告書に添付して提出する必要があります。

【添付書類】

① 住宅特定改修特別税額控除額の計算明細書

② 増改築等工事証明書

③ 家屋の登記事項証明書など家屋の床面積が50m²以上であることを明らかにする書類

④ 給与所得者の場合は，給与所得の源泉徴収票

---

(5) 多世帯同居改修工事

① 概要と適用要件

　自己が所有している居住用家屋について多世帯同居改修工事を行った場合において，当該家屋を平成28年4月1日から令和3年12月31日までの間にその者の居住の用に供したときに，その年分の所得税額から控除するものです。

　多世帯同居改修工事をした場合で，住宅特定改修特別税額控除の適用を受けることができるのは，次のすべての要件を満たすときです。

【適用要件】

① 一定の多世帯同居改修工事(*)であり，増改築等工事証明書により証明がされたものであり，改修後，改修した室のいずれか2以上の室がそれぞれ複数になること。

② 多世帯同居改修工事に係る標準的な費用の額が50万円を超えるものであること。

　* 多世代同居改修工事は，「調理室を増設する工事」「浴室を増設する工事」「便所を増設する工事」「玄関を増設する工事」のいずれかに当てはまる工事をいいます。

---

② 住宅借入金等特別控除の控除額の計算方法

多世帯同居改修工事の標準的な費用の額（最高250万円）

　　　　　　　　　　　　　　　× 10% = 控除額

第8章　税額控除

③　添付書類

控除を受ける場合には，必要事項を記載した確定申告書に，次に掲げる書類を確定申告書に添付して提出する必要があります。

【添付書類】

①　住宅耐震改修特別控除額の計算明細書

②　増改築等工事証明書

③　家屋の登記事項証明書など家屋の床面積が50m² 以上であることを明らかにする書類

④　給与所得者の場合は，給与所得の源泉徴収票

---

(6)　耐久性向上改修工事

①　概要と適用要件

自己が所有している居住用家屋について一定の耐久性向上改修工事を行った場合において，当該家屋を平成29年4月1日から令和3年12月31日までの間にその者の居住の用に供したときに，一定の金額をその年分の所得税額から控除するものです。

【適用要件】

①　劣化対策工事等で，認定を受けた長期優良住宅建築等計画に基づくものであることなど一定の要件を満たすものであること

②　耐久性向上改修工事に係る標準的な費用の額が50万円を超えるものであること

---

②　控除額の計算方法

【住宅耐震改修と併せて耐久性向上改修工事をして居住の用に供した場合】

耐震改修工事の標準的な費用の額及び耐久性向上改修工事の標準的な費用の額の合計額（最高250万円）× 10% ＝ 控除額

【一般省エネ改修工事と併せて耐久性向上改修工事をして居住の用に供した場合】

一般省エネ改修工事の標準的な費用の額及び耐久性向上改修工事の標準的な費用の額の合計額[*1] × 10% ＝ 控除額

187

＊1　最高250万円ですが，太陽光発電設備設置工事が含まれる場合は最高350万円
です。

【住宅耐震改修及び一般省エネ改修工事と併せて耐久性向上改修工事をして居
住の用に供した場合】

耐震改修工事・一般省エネ改修工事・耐久性向上改修工事の標準的な費用の
額の合計額(＊2) × 10% = 控除額

＊2　最高500万円ですが，太陽光発電設備設置工事が含まれる場合は最高600万円で
す。

③　添 付 書 類

控除を受ける場合には，必要事項を記載した確定申告書に，次に掲げる書類を確
定申告書に添付して提出する必要があります。

【添付書類】
①　住宅特定改修特別税額控除額の計算明細書
②　増改築等工事証明書
③　家屋の登記事項証明書など家屋の床面積が50m²以上であることを明らか
にする書類
④　長期優良住宅建築等計画の認定通知書の写し
⑤　給与所得者の場合は，給与所得の源泉徴収票

(7)　耐震改修工事をした場合の住宅耐震改修特別控除

①　概要と適用要件

平成18年4月1日から令和3年12月31日までの間に，自己の居住の用に供する家
屋について住宅耐震改修をした場合には，一定の金額をその年分の所得税額から控
除するものです。

【適用要件】
①　自己の居住の用に供する家屋の改修工事であること
②　昭和56年5月31日以前に建築された家屋であって，自己の居住の用に供す

る家屋であること

③　耐震改修をした家屋が，現行の耐震基準に適合するものであり，増改築等
工事証明書・住宅耐震改修証明書により証明がされたものであること

② 控除額の計算方法

住宅耐震改修に係る耐震工事の標準的な費用の額	×	10%（最高25万円）
	=	控除額

③　添 付 書 類

控除を受ける場合には，必要事項を記載した確定申告書に，次に掲げる書類を確
定申告書に添付して提出する必要があります。

【添付書類】

①　住宅耐震改修特別控除額の計算明細書

②　増改築等工事証明書又は住宅耐震改修証明書

③　家屋の登記事項証明書など，家屋が昭和56年5月31日以前に建築されたも
のであることを明らかにする書類

④　給与所得者の場合は，給与所得の源泉徴収票

(8)　認定住宅の新築等をした場合の認定住宅新築等特別税額控除

①　概要と適用要件

①認定長期優良住宅の新築又は建築後使用されたことのない認定長期優良住宅の
取得をした場合において，平成21年6月4日から令和3年12月31日までの間に居住
の用に供したとき，又は，②認定低炭素住宅の新築又は建築後使用されたことのな
い認定低炭素住宅の取得をした場合において，平成26年4月1日から令和3年12月
31日までの間に居住の用に供したときに，一定の要件の下で，認定住宅の認定基準
に適合するために必要となる標準的なかかり増し費用の10%に相当する金額を，原
則としてその年分の所得税額から控除するものです。

【適用要件】

① 認定住宅^(*1)の新築又は建築後使用されたことのない認定住宅の取得であること

② 新築又は取得の日から6カ月以内に居住の用に供していること

③ この税額控除を受ける年分の合計所得金額が，3,000万円以下であること

④ 新築又は取得をした住宅の床面積が50m²以上であり，床面積の2分の1以上の部分が専ら自己の居住の用に供するものであること

⑤ 居住の用に供した年とその前後の2年ずつの5年間に，居住用財産を譲渡した場合の長期譲渡所得の課税の特例（措法31の3）及び居住用財産の譲渡所得の特別控除（措法35）の適用を受けていないこと

＊ 認定住宅とは，「認定長期優良住宅」と「認定低炭素住宅」をいいます。

② 住宅借入金等特別控除の控除期間及び控除額の計算方法

住宅を居住の用に供した年月日	対象となる認定住宅	標準的なかかり増し費用の限度額	控除率
H26.4.1～R3.12.31	認定長期優良住宅・認定低炭素住宅	6,500,000円	10%

標準的なかかり増し費用とは，1㎡当たりで定められた金額（43,800円）に，その認定住宅の床面積を乗じて計算した金額をいいます。

③ 添 付 書 類

控除を受ける場合には，必要事項を記載した確定申告書に，次に掲げる書類を確定申告書に添付して提出する必要があります。

【添付書類】

〔居住年に認定住宅新築等特別税額控除を適用する場合〕

① 認定住宅新築等特別税額控除額の計算明細書

② 家屋の登記事項証明書など家屋の床面積が50m²以上であることを明らかにする書類

③ 工事請負契約書・売買契約書の写し等，家屋の新築年月日又は取得年月日・認定住宅の新築等に係る対価の額又は費用の額に含まれる消費税額等の

うちに8%により課されるべき消費税額等が含まれているか否か，を明らかにする書類
④　認定長期優良住宅建築証明書等
⑤　給与所得者の場合は，給与所得の源泉徴収票
〔居住年の翌年の所得税の額から控除未済税額控除額を控除する場合〕
①　認定住宅新築等特別税額控除額の計算明細書
②　給与所得者の場合は，給与所得の源泉徴収票

Attention!

住宅借入金等特別控除の適用初年度は確定申告で

　給与所得者で，年末調整で住宅借入金等特別控除の適用ができると勘違いして，年末調整の資料として「住宅取得資金に係る借入金の年末残高証明書」も提出してくる方がいますが，給与所得者でも住宅借入金等特別控除の適用を受ける初年度は確定申告が必要です。
　無事に確定申告を済ませれば，後に税務署から「住宅借入金等特別控除額の計算明細書」が送付されてきます。それが年末調整の際に必要となる資料になります。
　この「住宅借入金等特別控除額の計算明細書」ですが，毎年送付されてくるものではなく，適用年分がまとめて送付されてきます。そのため，紛失してしまう方も多いので，大切に保管するものであることを理解してもらうことも重要です。

第9章

所得税の税務調査

　所得税の実務としては，確定申告を提出し納税が済めばそれで完了，という訳ではありません。確定申告後，税務職員による税務調査が行われることがあります。
　所得税の税務調査は，特に個人事業者・不動産所得者に対して行われることが多いですが，譲渡所得・一時所得といった他の所得についても行われることがあります。
　ここでは，所得税の税務調査の全体的な流れを解説していきます。

1 税務調査とは

所得税の実務は，確定申告書を作成・提出して，それに基づいて納税をすれば完了，というわけではありません。

申告後，税務調査官による「税務調査」というものがあります。税務調査とは，申告内容についての証拠資料の収集・要件事実の認定・法令の解釈適用等の一連の行為をいいます（通個1・1-1）。

すべての確定申告者に対して税務調査が行われるわけではありませんが，一定規模の事業所得者・不動産所得者については，税務調査が定期的に行われます。また，言い換えれば，確定申告者を提出した者である以上は，税務調査を受ける可能性はあるわけです。

この章において，税務調査について解説していきます。

2 税務調査の流れ

税務調査は，「税務署からの調査の依頼（事前通知）」「実際の帳簿等の確認（実地調査）」「是認・調査結果の説明・修正申告の勧奨（調査終了）」という大きく分けて3段階で進められます。

(1) 税務署からの調査の依頼（事前通知）

税務調査は，担当する税務調査官から納税者（税務代理人として税理士が関与している場合にはその税理士）に，調査の依頼の電話が入ります。最初に，税務調査が行う日程の調整から行われるのが通常です。日程については，納税義務者・税理士の都合により決定されます。また，病気・怪我等のやむを得ない事情，業務上のやむを得ない事情が生じた場合には，改めての日程の変更も可能です（通個1・4-6）。

日程の調整が済んだらば，正式な事前通知が行われます。事前通知では，税務調査官より，次の事項が納税者又は代理人である税理士に伝えられます（通法74の9①）。

第9章　所得税の税務調査

【事前通知で伝えられる事項】

①　質問検査等を行う実地の調査を開始する日時

②　調査を行う場所

③　調査の目的

④　調査の対象となる税目

⑤　調査の対象となる期間

⑥　調査の対象となる帳簿書類その他の物件

⑦　その他調査の適正かつ円滑な実施に必要な事項

事前通知の段階で，調査の対象となる年分も伝えられますが，調査の必要に応じて更に遡って調査する可能性もある旨も伝えられます。筆者の経験では，通常は過去3年分の調査がほとんどですが，必要に応じて，過去5年分，7年分と遡ることもあります。また，消費税の課税対象者であれば，所得税の税務調査と並行して，消費税の税務調査も行われます。

例外として，課税庁が次の場合に該当すると判断したときには，事前通知が行われず，突然，税務調査官が訪問して，税務調査が開始されます（通法74の10）。

【事前通知なしの税務調査が認められる場合】

①　違法又は不当な行為を容易にし，正確な課税標準等又は税額等の把握を困難にするおそれがあると認められる場合

②　その他国税に関する調査の適正な遂行に支障を及ぼすおそれがあると認める場合

事前通知が行われない業種として，飲食店・風俗店といった現金商売の業種に行われるといわれますが，現金商売の業種には絶対に事前通知がないというわけではありません。現金商売の個人事業者でも，事前通知のもと，税務調査が開始されるケースは多々あります。

(2)　実際の帳簿等の確認（実施調査）

税務調査の当日において，税務調査官による帳簿等の確認作業が行われます。事業所得者・不動産所得者についていえば，帳簿作成の根拠となった領収書・契約書

195

等の証憑書類の確認が主な調査対象といえます。

　所得税の実地調査で問題となるのは，必要経費と家事費・家事関連費との関係です。個人事業者の場合，領収書の宛名が個人名であることが多く，また，私的な支出と事業のための支出が一緒くたになってしまっているケースも多くあります。

　そのため，普段から私的な支出の領収書と事業のための支出の領収書を明確に区分けしておくことが必要です。また，例えばレシートで一緒になってしまっている場合には，事業用の部分について★印を付けておく，といったことも有効です。

　また，（これは筆者の経験上ですが）所得税の税務調査の場合，税務調査官が領収書等の証憑書類を一旦預かって，税務署で確認したい旨をいわれることが多くあります。おそらく，家事費が必要経費に混入されていないかの確認に時間を要するからだと推測します。

　税務調査官が領収書等の証憑書類を一旦預かって，税務署に持ち帰ることを「留置き」といい，法律上，税務調査官に認められる権限ではあります（通法74の7）。

　留置きは，次の場合に認められます。

【税務調査官による「留置き」が認められる場合】

①　質問検査等の相手方となる者の事務所等で調査を行うスペースがなく調査を効率的に行うことができない場合

②　帳簿書類等の写しの作成が必要であるが調査先にコピー機がない場合

③　相当分量の帳簿書類等を検査する必要があるが，必ずしも質問検査等の相手方となる者の事業所等においてその相手方となる者に相応の負担をかけて説明等を求めなくとも，税務署や国税局内においてその帳簿書類等に基づく一定の検査が可能であり，質問検査等の相手方となる者の負担や迅速な調査の実施の観点から合理的であると認められる場合

　留置きは，納税義務者の協力を前提として行われるものですので，その必要性の理由を尋ねたり，拒否したりすることは認められます。

　なお，税務調査官が，帳簿等を預かっていく場合には，「預り証」が発行され，調査終了後，それと引き換えに帳簿等が返却されます。

(3) 是認・調査結果の説明・修正申告の勧奨（調査終了）

税務調査の終了には，是認・調査結果の説明・修正申告の勧奨の手続きが行われます。

① 是　　認

税務調査の結果，申告内容に問題がないと判断されたときには，税務調査の対象となった納税義務者に対して，その旨の連絡が入り，後に「更正決定等をすべきと認められない旨の通知書」が発送されます（通法74の11①）。

② 調査結果の説明

税務調査の結果，申告内容に問題があると判断された時には，税務調査官からその調査結果の内容，根拠となる理由の説明があります（通法74の11②）。

③ 修正申告の勧奨

税務調査の結果の説明を受けた後，税務調査官より修正申告又は期限後申告をするように勧奨がされます。修正申告・期限後申告をした場合には，その税務調査の結果を認めることになりますので，不服申し立てはできませんが更正の請求はできます（通法74の11③）。このことを明記した教示文が税務調査官より手渡し又は郵送されてきます。

仮に，税務調査の結果に不服がある場合には，不服申し立ての手続き（通法75以下）をします。

通常は，税務調査の結果を受け入れ，修正申告等に応じて終了することがほとんどと思われます。もちろん，税務調査において何ら問題なく，「是認」で終了することが一番です。

ATTENTION!

所得税申告の先には相続税申告がある

　所得税の確定申告書は，その個人の1年間の所得金額を示すものです。そして，その所得金額により，個人は不動産を購入したり，金融商品を購入したり，借入金を返済したりして生活していくのです。つまり，個人の財産運用は所得金額が基となります。
　そして，その個人の財産運用の結果が，後に生じる相続財産を構成

することになります。課税庁は，その個人の所得税の確定申告書の内容を基に，不動産登記簿調査や銀行調査をしたりして，相続財産がどの程度あるのかを把握します。先に触れた財産債務調書や国外財産債務調書も，相続財産の把握のための資料です。

　実務としては，毎年の所得税の申告業務を行っている場合には，相続財産の有無は把握しやすいといえます。しかし，相続税の業務をスポットの依頼で受ける場合，相続時点の財産目録の確認のみならず，相続発生以前の所得税の確定申告書の内容を数年（少なくとも３年）は遡って確認し，その個人の財産運用の状況を併せて確認することも重要です。

参考文献等

【参考文献】

- 岩崎政明，平野嘉秋『九訂版税法用語事典』，大蔵財務協会，平成28年
- 泉美之松『所得税法の読み方－所得税法の基礎－』，東京教育情報センター，昭和60年
- 小田満『基礎から身につく所得税』12頁，大蔵財務協会，平成30年
- 金子宏『租税法（第23版）』，弘文堂，平成31年
- 木山泰嗣『分かりやすい「所得税法」の授業』，光文社，平成28年
- 後藤昇他編『所得税基本通達逐条解説（平成24年版）』，大蔵財務協会，平成24年
- 鹿志村裕，熊王征秀，嶋協，藤曲武美『早わかり平成30年度税制改正のすべてQ＆A』，中央経済社，平成30年
- 高柳昌代『所得税の常識（22版）』税務経理協会，平成30年
- 田名後正範『所得税確定申告の手引き（平成30年3月申告用）』，税務研究会，平成29年
- 東京弁護士会弁護士研修センター運営委員編『事例から学ぶ税法』，平成18年，商事法務
- 平川忠雄編『家事関連費を中心とした必要経費の実務』，税務研究会，平成29年
- 藤本清一『所得税入門の入門（平成30年版）』，税務研究会，平成30年
- 松崎啓介編『図解所得税（平成30年版）』，大蔵財務協会，平成30年
- 守田啓一『所得区分と経費性の判断』清文社，平成28年

【参考資料】

- 国税庁ホームページ
- 国税庁タックアンサー
- 東京国税局　課税第一部個人課税課「所得税，消費税誤りやすい事例集（平成29年12月）」TAINS所得事例東京局2912【情報公開法第9条第1項による開示情報】
- 総務省自治税務局市町村税課「市町村税関係資料」平成28年
- 大阪国税局「個人課税関係　平成29年版　誤りやすい事例（所得税法）」TAINS所得事例大阪局290000【情報公開法第9条第1項による開示情報】
- 国税庁「国外居住親族に係る扶養控除等Q＆A（源泉所得関係）」平成27年9月
- 国税庁個人課税情報第6号「住宅宿泊事業法に規定する住宅宿泊事業により生じる所得の課税関係等について（情報）」
- 事務運営指針「調査手続の実施に当たっての基本的な考え方等について」平成24年9月12日（改正　平成29年3月30日）

用 語 索 引

【あ行】

青色事業専従者 ･･････････････････････131
青色事業専従者給与に関する届出書 ･･････131
青色事業専従者給与の期中減額 ･･･････132
青色事業専従者給与の金額決定のポイント
　････････････････････････････････131
青色事業専従者の従事期間・従事内容 ･･･131
青色事業専従者への退職金 ･･････････････132
青色申告者の帳簿書類等の保存期間 ･･････10
青色申告特別控除 ････････････････････15
青色申告特別控除後の利益金額 ･････････16
青色申告特別控除前 ･･････････････････16
青色申告の承認申請書 ････････････････10
青色申告の制度 ･･････････････････････10
青色申告の特典 ･･････････････････････10
預り証 ･･･････････････････････････････196
一括評価 ･････････････････････････････129
一身専属的権利 ･･････････････････････23
一定の大規模工事 ････････････････････175
一般省エネ改修工事 ･････････････････182
一般用 ･･･････････････････････････････11
移動平均法 ･･･････････････････････････119
医療費控除の対象となるもの ･･････････69
医療費控除の特例 ･･･････････････････73
医療費通知 ･･･････････････････････････71
請負契約書の写し ････････････････････172
売上集計表 ･･･････････････････････････136
同じ屋根の下で暮らす親族 ･･････････････69

【か行】

外国株式等配当金等のご案内 ･････････168
外国株式の配当金 ････････････････････167
外国所得税額の内訳 ･････････････････168
外国税額控除 ･････････････････････････164
介護保険の要介護状態 ･･････････････････96

家屋の登記事項証明書 ･････････････････172
確定申告不要制度 ･･･････････････････38
家事関連費 ･･･････････････････････････114
家事消費 ･････････････････････････････112
貸倒れ ･･･････････････････････････････130
家事費 ･･･････････････････････････････114
課税総所得金額 ･････････････････････6
学校教育法 ･･･････････････････････････93
過年度分の公的年金等 ･･････････････46
還付加算金 ･･･････････････････････････48
期間的対応 ･･･････････････････････････114
記載項目 ･････････････････････････････7
記載漏れのミス ･････････････････････26
期末棚卸資産 ･････････････････････････119
客観性 ･･･････････････････････････････116
ギャンブルによる収入 ･････････････････54
QRコード ･･･････････････････････････161
QRコード付控除証明書 ･･･････････････87
旧定額法 ･････････････････････････････123
旧定率法 ･････････････････････････････123
給与所得者が確定申告を必要とする理由
　････････････････････････････････40
給与所得者が取得後2年目以後に年末調整で
　適用を受ける場合の提出書類 ･････173
給与所得者の副収入 ････････････････45
給与所得の源泉徴収票 ･････････････････172
給与の該当性 ･････････････････････････43
教示文 ･･･････････････････････････････197
強制償却 ･････････････････････････････125
業務手順 ･････････････････････････････22
業務の遂行上必要 ･････････････････････121
居宅部分の固定資産税 ･････････････････149
偶発的な所得 ･････････････････････････53
クレジットカード決済 ･･･････････････137
形式基準による修繕費の判定 ･････････128
経常所得グループ ･････････････････････60

用語索引

契約金‥‥‥‥‥‥‥‥‥‥‥‥‥‥153	異なる事業の開始の場合‥‥‥‥‥‥‥120
減価償却の計算‥‥‥‥‥‥‥‥‥‥122	個別的対応‥‥‥‥‥‥‥‥‥‥‥‥114
減価償却費の計算等（三面）‥‥‥‥‥12	個別評価‥‥‥‥‥‥‥‥‥‥‥‥‥129
原価法‥‥‥‥‥‥‥‥‥‥‥‥‥‥119	個別法‥‥‥‥‥‥‥‥‥‥‥‥‥‥119
現金主義‥‥‥‥‥‥‥‥‥‥‥‥‥12	

【さ行】

現金主義用‥‥‥‥‥‥‥‥‥‥‥‥11	災害関連支出‥‥‥‥‥‥‥‥‥‥‥67
現金商売‥‥‥‥‥‥‥‥‥‥‥‥‥195	財産債務調書‥‥‥‥‥‥‥‥‥‥‥9
原状回復費用‥‥‥‥‥‥‥‥‥‥‥67	最終仕入原価法‥‥‥‥‥‥‥‥‥‥119
源泉徴収税額の管理‥‥‥‥‥‥‥‥137	最低限度の生活‥‥‥‥‥‥‥‥‥‥64
源泉徴収票‥‥‥‥‥‥‥‥‥‥‥‥43	最低生活費の考慮による控除‥‥‥‥‥64
源泉分離課税‥‥‥‥‥‥‥‥‥‥‥4	「詐欺」や「恐喝」による損害‥‥‥‥‥67
源泉分離課税の対象となる所得‥‥‥‥5	先入先出法‥‥‥‥‥‥‥‥‥‥‥‥119
限定列挙‥‥‥‥‥‥‥‥‥‥‥‥‥152	詐欺行為‥‥‥‥‥‥‥‥‥‥‥‥‥67
権利確定主義‥‥‥‥‥‥‥‥‥‥‥112	雑所得と事業所得との判定‥‥‥‥‥‥45
高額な青色事業専従者給与‥‥‥‥‥131	三世代同居改修工事‥‥‥‥‥178, 182
高額な返戻品‥‥‥‥‥‥‥‥‥‥‥55	山林所得の税率表‥‥‥‥‥‥‥‥‥159
合計所得金額‥‥‥‥‥‥‥‥‥‥‥6	シイ・クリ・クリ・シイ‥‥‥‥‥‥117
広告看板‥‥‥‥‥‥‥‥‥‥‥‥‥141	事業所得の定義‥‥‥‥‥‥‥‥‥‥44
工事費用‥‥‥‥‥‥‥‥‥‥‥‥‥181	事業専従者控除‥‥‥‥‥‥‥‥‥‥19
更新料‥‥‥‥‥‥‥‥‥‥‥‥‥‥141	事業的規模‥‥‥‥‥‥‥‥‥‥‥‥140
更正の請求‥‥‥‥‥‥‥‥‥‥‥‥26	事業に付随した収入‥‥‥‥‥‥‥‥111
公的年金から特別徴収された保険料‥‥77	事業に付随する所得‥‥‥‥‥‥‥‥112
公的年金等以外の雑所得が赤字であった場合	事業の遂行上生じた貸付金‥‥‥‥‥130
‥‥‥‥‥‥‥‥‥‥‥‥‥‥‥‥47	事業の遂行の過程‥‥‥‥‥‥‥‥‥111
購入したパッケージソフトウエア‥‥‥126	資産の運用の結果‥‥‥‥‥‥‥‥‥147
光熱費関係‥‥‥‥‥‥‥‥‥‥‥‥135	事実上の金銭債権‥‥‥‥‥‥‥‥‥130
合理的な区分基準‥‥‥‥‥‥‥‥‥115	事前通知で伝えられる事項‥‥‥‥‥195
国外財産債務調書‥‥‥‥‥‥‥‥‥9	事前通知なしの税務調査が認められる場合
国内で源泉徴収されない国外で支払われた	‥‥‥‥‥‥‥‥‥‥‥‥‥‥‥‥195
預貯金等の利子等‥‥‥‥‥‥‥‥34	実際に保険料を負担した者‥‥‥‥‥82
国民健康保険税‥‥‥‥‥‥‥‥‥‥79	実際の帳簿等の確認（実施調査）‥‥‥194
個人型401k‥‥‥‥‥‥‥‥‥‥‥‥79	支払調書‥‥‥‥‥‥‥‥‥‥‥‥‥43
個人事業税‥‥‥‥‥‥‥‥‥‥‥‥30	資本的支出‥‥‥‥‥‥‥‥‥‥‥‥126
個人事業の開業届‥‥‥‥‥‥‥‥‥23	社会政策上の要請による控除‥‥‥‥‥64
個人的借入金の利子‥‥‥‥‥‥‥‥149	車両関連費‥‥‥‥‥‥‥‥‥‥‥‥135
個人的事情の考慮による控除‥‥‥‥‥64	修正申告‥‥‥‥‥‥‥‥‥‥‥‥‥26
固定資産税‥‥‥‥‥‥‥‥‥‥‥‥136	修繕費‥‥‥‥‥‥‥‥‥‥‥‥‥‥126
固定資産税の課税明細‥‥‥‥‥‥‥149	修繕費の例示‥‥‥‥‥‥‥‥‥‥‥127
5棟10室‥‥‥‥‥‥‥‥‥‥‥‥‥140	

201

住宅借入金等特別控除 …………………… 164
住宅借入金等特別控除額の計算明細書 … 191
住宅借入金等特別控除の適用初年度 …… 191
住宅取得資金に係る借入金の
　年末残高等証明書 ……………………… 172
住宅耐震改修 …………………………… 170
住宅耐震改修工事 ………………… 178, 182
住宅耐震改修証明書 …………………… 183
住民税均等割の非課税限度額 ………… 103
住民税の均等割 ………………………… 103
主観的判断 ……………………………… 116
手段と結果 ……………………………… 114
私用 ……………………………………… 112
省エネ改修工事 …………………… 170, 178
少額又は周期の短い費用 ……………… 127
譲渡所得の基因となる資産の
　引渡しがあった日 ……………………… 50
消費税等の経理処理 …………………… 121
所得金額の2分の1 ……………………… 49
所得金額の計算（一面） ………………… 12
所得控除の種類 ………………………… 64
所得税申告の先には相続税申告がある … 197
所得税の税率表 ………………………… 158
所得税の納税義務者 ……………………… 3
所得税負担の緩和 ……………………… 64
所得内容の確認 ………………………… 24
白色申告者の帳簿書類等の保存期間 …… 21
新規開業の場合 ………………………… 120
申告書A …………………………………… 7
申告書B …………………………………… 7
申告ソフト ……………………………… 122
申告内容に誤りがあった場合 ………… 26
申告分離課税 ……………………………… 4
申告分離課税の対象となる所得 ………… 5
申告分離課税の適用を選択した場合 …… 37
親族関係書類 …………………………… 104
身体障害者手帳 ………………………… 94
人的控除 ………………………………… 64
水産動物を捕獲すること ……………… 152

税額控除の金額の計算の基 …………… 181
生活に通常必要でない資産に係る所得の
　金額の計算上生じた損失 ……………… 59
正規の簿記の原則 ………………………… 10
生計を一にする …………………………… 100
税込経理方式 …………………………… 121
精神障害者保健福祉手帳 ……………… 94
税制改正 …………………………………… 58
税抜経理方式 …………………………… 121
税務署からの調査の依頼（事前通知） … 194
税務調査 ………………………………… 194
税務調査官 ……………………………… 194
税務調査官による「留置き」が
　認められる場合 ……………………… 196
生命保険会社から発行される証明書 …… 82
説得力を有しているか否か …………… 116
是認・調査結果の説明・修正勧告の勧奨
　（調査終了） …………………………… 194
セルフメディケーション税制 ………… 73
専従者控除 ……………………………… 134
戦傷病者手帳 …………………………… 94
前年分の青色申告決算書・収支内訳書 … 22
前年分の確定申告書との比較 ………… 26
前年分の確定申告書の確認 …………… 22
前納した社会保険料等 ………………… 77
増改築等工事証明書 …………………… 183
増改築等をした場合 …………………… 175
送金関係書類 …………………………… 104
総合課税 …………………………………… 4
総合課税の対象となる所得 ……………… 4
総合勘案 ………………………………… 115
総平均法 ………………………………… 119
租税特別措置法 ………………………… 51
租税特別措置法の適用となる土地・建物の
　譲渡による損失 ………………………… 59
その事業の種類・規模・収益の状況 …… 132
その年分に一定の取組を行ったことを
　明らかにする書類 ……………………… 74
ソフトウエア …………………………… 126

202

用語索引

ソフトウエアを製作するための費用……126
損益計算書……………………………10
損益通算……………………………59

【た行】

第一次通算……………………………60
第一期の納期…………………………160
第一表…………………………………7
耐久性向上改修工事……………171, 182
第五表…………………………………7
第三期の納期…………………………160
第三次通算……………………………60
第三表…………………………………7
貸借対照表……………………………10
貸借対照表（四面）…………………12
第二期の納期…………………………160
第二次通算……………………………60
第二表…………………………………7
第四次通算……………………………60
第四表…………………………………7
多額の損失や支出によって減殺される担税力
　の考慮による控除……………………64
多世帯同居改修工事…………………171
立退料…………………………………147
棚卸資産の評価方法への届出書………119
タナボタのような所得…………………53
短期譲渡所得…………………………49
地代家賃………………………………135
中古住宅を取得した場合………………174
町会への寄付…………………………88
長期譲渡所得…………………………49
著作権の使用料に係る所得……………152
通常1単位……………………………122
月別売上等の内訳書（二面）…………12
定額法…………………………………123
低価法…………………………………119
訂正……………………………………26
低炭素建築物とみなされる特定建築物…177
定率法…………………………………123

適用年分がまとめて送付………………191
電子的控除証明書………………………87
電子納付………………………………161
添付書類………………………………172
同居を常況……………………………104
同族会社の役員や親族…………………41
「盗難」「横領」による損害……………67
督促状…………………………………162
（特定増改築等）住宅借入金等特別控除額の
　計算明細書……………………………172
特定役員………………………………57
特別徴収………………………………57
特別な評価方法………………………120
土地・建物等の譲渡所得………………51
土地等を取得するために要した負債の利子
　………………………………………146
留置き…………………………………196

【な行】

20万円の少額の申告不要制度…………41
日本型401kプラン……………………79
認定住宅………………………………176
認定住宅の新築等……………………171
認定長期優良住宅……………………176
認定低炭素住宅………………………176
年末調整のための（特定増改築等）住宅借入
　金等特別控除証明書…………………173
農業所得用……………………………11
納税方法………………………………161
納付済証………………………………149

【は行】

売価還元法……………………………119
配偶者・親族の負担すべき社会保険料を
　支払った場合…………………………77
配当控除………………………………164
配当控除の対象とならない配当所得……165
売買契約書の写し等…………………172
バリアフリー改修工事………170, 178, 182

203

被害証明書 …………………………… 67
非課税となる一時所得 ……………… 53
非課税となる給与所得 ……………… 39
非課税となる雑所得 ………………… 45
評価方法の変更 …………………… 120
費用収益対応の原則 ……………… 114
物的控除 ……………………………… 64
不動産所得用 ………………………… 11
不動産を一時的に貸し付けた場合 … 142
不服申し立ての手続き …………… 197
振替納税 ……………………… 26, 161
ふるさと納税 ………………………… 54
ふるさと納税のワンストップサービス特例
………………………………… 90
平均課税 …………………………… 154
返還を要しなくなった敷金等の
収入すべき時期 ……………… 144
変動所得 …………………………… 152
変動所得・臨時所得の平均課税の
計算書 ………………………… 154
他の従業員・類似同業者との比較 … 131
保険料控除証明書 …………………… 87
母校のOB・OG会への寄付 ……… 88
補てんの対象 ………………………… 70

本年中における特殊事情 …………… 15

【ま行】

民泊事業 …………………………… 145
名義書換料 ………………………… 141

【や行】

家賃の月額変更に注意 …………… 148
有価証券取引報告書 ……………… 165
有利か不利かの判断 ……………… 167
有利不利の判断 …………………… 165
預貯金への入金 …………………… 137
予定納税額通知書 …………………… 26
予定納税額の確認 …………………… 26
予定納税額の減額申請書 ………… 161
予定納税基準額 …………………… 160

【ら行】

領収書 ……………………………… 137
領収書へのメモ …………………… 137
臨時所得 …………………………… 153
例示列挙 …………………………… 153
暦年課税 ……………………………… 3

204

著者紹介

田口 渉（たぐち　わたる）

昭和47年千葉県生まれ
平成9年帝京大学大学院法学研究科修士課程修了
平成11年税理士登録（東京税理士会）
田口渉税理士事務所開業　現在に至る

【現在の活動等】

東京税理士会・日本税理会計学会訴訟部門常任委員
租税訴訟学会理事
東京税理士会・会員相談室相談委員（電話担当）

著者との契約により検印省略

令和元年8月1日　初 版 発 行	イチからはじめる **所得税実務の基礎**

著　者　田　　口　　　　渉
発行者　大　坪　克　行
印刷所　美研プリンティング株式会社
製本所　牧製本印刷株式会社

発 行 所　〒161-0033　東京都新宿区　　　　株式　**税務経理協会**
　　　　　　下落合2丁目5番13号　　　　　会社
　　　　　　振　替　00190-2-187408　　　電話　（03）3953-3301（編集部）
　　　　　　ＦＡＸ　（03）3565-3391　　　　　　　（03）3953-3325（営業部）
　　　　　　　　　URL　http://www.zeikei.co.jp/
　　　　　　　乱丁・落丁の場合は，お取替えいたします。

Ⓒ　田口渉　2019　　　　　　　　　　　　　　Printed in Japan

本書の無断複写は著作権法上での例外を除き禁じられています。複写される
場合は，そのつど事前に，（社）出版者著作権管理機構（電話 03-3513-6969，
FAX 03-3513-6979, e-mail：info@jcopy.or.jp）の許諾を得てください。

JCOPY＜（社）出版者著作権管理機構 委託出版物＞

ISBN978-4-419-06614-7　C3032